全面乡村振兴视阈下

青海农牧区

金融支持减贫效应研究

苏薇 著

青海人民出版社

图书在版编目（CIP）数据

全面乡村振兴视阈下青海农牧区金融支持减贫效应研
究 / 苏薇著. -- 西宁：青海人民出版社，2024. 8
ISBN 978-7-225-06669-1

Ⅰ. ①全… Ⅱ. ①苏… Ⅲ. ①牧区—农村金融—研究
—青海 Ⅳ. ① F832.35

中国国家版本馆 CIP 数据核字（2023）第 241000 号

全面乡村振兴视阈下青海农牧区金融支持减贫效应研究

苏薇　著

出 版 人　樊原成

出版发行　青海人民出版社有限责任公司

西宁市五四西路 71 号　邮政编码：810023　电话：（0971）6143426（总编室）

发行热线　（0971）6143516/6137730

网　　址　http://www.qhrmcbs.com

印　　刷　青海雅丰彩色印刷有限责任公司

经　　销　新华书店

开　　本　720mm×1020mm　1/16

印　　张　11.25

字　　数　166 千

版　　次　2024 年 8 月第 1 版　2024 年 8 月第 1 次印刷

书　　号　ISBN 978-7-225-06669-1

定　　价　58.00 元

摘 要

　　扶贫工作阶段性持续推展，证明贫困问题受到党中央、国务院高度关注，这是一项长期的重要战略部署。随着脱贫攻坚工作的有效开展，近年来青海农牧区的贫困情况得到实质性改善，整体贫困率显著降低。受制于长期的历史、地理等诸多主客观因素，青海省贫困深度重、广度宽，依旧属我国内陆深度贫困地区之一，尤其是青海农牧区。青海省典型农牧区藏族人口聚居、其他少数民族杂居，地域特征、文化特征相对复杂，贫困分布点状集中且程度较深，长效扶贫工作更长时期内的持续跟进存在困难。脱贫攻坚的圆满收官无疑胜利实现了第一个"百年目标"，脱贫攻坚后更长时期内，中央和各地方政府的工作主阵线落脚于脱贫攻坚固果增效衔接全面乡村振兴上。青海农牧区作为青海省全面乡村振兴顺利实现的重难点地区，金融良性的稳定支持或成为未来减贫工作的重要把手。金融良性发展就是要使金融与政策形成合力，把金融资源适度倾斜，能让地区经济社会发展的重点领域和薄弱环节汇集到更多稳定的金融支持。迈好全面乡村振兴的三大步伐，政府承载力毕竟有限，金融机构应主动承接接力棒，突出强调社会责任，下功夫在持续激发脱贫主体自身发展动力上发挥重要作用，以凸显"造血"功能优势。

　　研究以青海典型农牧区为分析对象，选定 2001—2021 年的面板数据，重点研究了地区金融支持减贫的效应以及各发展要素的协调关系。首先，对乡村振兴、减贫涉及的相关基本理论与政策实践展开评述。其次，对青海农牧区地区状况、金融发展现状进行总结分析，引出金融在发展中的作用及问题导向和后续研究。接着，围绕乡村振兴"20字"方针，多维路径上就青海农牧区金融支持减贫的直接效应、间接效应和门槛效应展开综合研究。然后，基于青海省生态价值的考量，构建"金融—经济—社会—生态"多维指标进行耦合协调研究，展示金融发展与地方发展总体目标的协调情况。最后，基于相关研究结论，针对性给出乡村振兴下地区各发展要素协同共进的翔实优化建议。综合分析得出以下结论：

第一，青海农牧区金融支持贫困减缓的直接效应显著。本研究借助静态面板模型分析发现：无论存在中介变量、控制变量与否，金融发展规模和金融发展效率各自作用或者共同作用下，（农）牧民的贫困困境均可得以缓解。金融发展规模对应的是"量"的增加，金融发展效率对应的是"质"的提升，金融支持对贫困减缓具有显著的积极影响。

第二，青海农牧区金融支持减贫的直接效应和间接效应并存。本研究借助调节的中介效应模型分析，不单客观展示了金融支持减贫的中介效应，而且说明了其背后深层次的逻辑联系，研究发现：①以经济增长为中介变量，金融发展规模促进减缓贫困的中介效应没有受到乡村振兴战略调节，中介效应维持不变；金融发展效率促进贫困减缓的中介效应也没有受到乡村振兴战略调节，中介效应维持不变。②以社会发展作为中介变量时，金融发展规模促进贫困减缓的中介效应受到乡村振兴战略调节，随着乡村振兴战略的实施，金融发展规模借助社会发展路径支持贫困减缓的间接效应变大，直接效应变小；金融发展效率促进贫困减缓的中介效应未受到乡村振兴战略调节，中介效应维持不变。③以生态建设作为中介变量时，金融发展规模和效率促进贫困减缓的中介效应没有受到乡村振兴战略调节，中介效应维持不变。

第三，青海农牧区金融发展支持减贫的门槛效应有所不同。本研究借助门限回归模型分析发现：①经济增长作为门槛检验时，作用于贫困减缓仅金融发展规模呈双门槛特征，随着门槛区域增加，金融发展规模促进贫困减缓的效果逐步减弱。②社会发展作为门槛检验时，金融发展规模和金融发展效率均具有门槛效应，金融发展规模呈双门槛特征，随着门槛区域增加，金融发展规模促进贫困减缓的效果先增加后减弱；金融发展效率呈单门槛特征，随着门槛区域增加，金融发展效率促进贫困减缓的效果先促后抑。③生态建设作为门槛检验时，仅金融发展规模呈双门槛特征，随着门槛区域增加，促进贫困减缓的效果逐步减弱。④青海典型的农牧区，不同时间段上金融支持减贫的门槛效应存在一定的地区差异。

第四，青海农牧区"金融—经济—社会—生态"的耦合协调性较好。本研究借助耦合协调模型分析发现：2001—2021年，青海农牧区整体及6个自治州的"金融—经济—社会—生态"耦合度（C）和耦合协调度（D）均稳步递增。2021年，四大系统耦合协调度（D）综合评分强过0.8，步入"良好协调"阶段。青海农牧区金融与"经济—社会—生态"协调发展情况稳步向好。

基于实证分析结果，针对性提出全面乡村振兴视阈下，青海农牧区优化发展的建议。首先，完善金融发展体系，使金融要素更好地与其他发展要素有机协调，这涵盖"增量""提质""增效"等多个方面：完善体系与建设、创新针对性服务，为金融发展"增量"；优化金融生态圈、调动机构能动性，为金融发展"提质"；凭借金融科技力量、增强金融创新力，让金融发展更"亲民"；眷注贫困"边缘户"、层次化精准帮扶，为支持减贫"增效"；建立协调预警机制、化解返贫风险，为巩固成果"驻防"；调整明确发展思路、具化金融措施，为乡村振兴"赋能"。其次，完善"经济—社会—生态"发展体系，不断地优化完善经济增长系统、社会发展系统和生态建设系统的各项重要指标，相应提出改善建议及措施。

乡村全面振兴要破瓶颈、抓重难点，青海农牧区作为瓶颈地区，金融发展更要与全面乡村振兴政策目标保持一条线，金融良性发展要与经济增长、社会进步和生态保护等发展大目标协调共进，唯有这样，方可最大效果发挥减贫作用，稳定助力、有效衔接全面乡村振兴，最终实现中国式现代化。

目 录

第1章 绪论

1.1 研究背景

贫困地区贫穷状况的改善一直是各国政府高度关注的重要议题,扶贫开发是一项长效工作更是系统性工作。改革至今,我国在中国特色社会主义全面建设过程中取得了巨大成就。作为发展大国,贫困问题的改善,备受全社会各界关注,四十余年来,我国以独特的姿态积极投入到国际减贫事业中。放眼世界,除了我国,没有任何一个国家的政府会在"最后一公里"问题上,如此态度坚决地和贫困问题斗争到底。

进入 21 世纪,积极呼应中国特色社会主义现代化建设需要,打破东西部地区发展积累的不平衡,国家层面相继推出了《中国农村扶贫开发纲要(2001—2010 年,开发式扶贫第二阶段)》《中国农村扶贫开发纲要(2011—2020 年,开发式扶贫第三阶段)》《关于实现巩固拓展脱贫攻坚成果同乡村振兴有效衔接的意见(2020 年)》和《中共中央国务院关于做好 2022 年全面推进乡村振兴重点工作的意见》[①] 等。政策导向下,一系列支农惠牧措施的实施,财政扶贫、金融扶贫等多种扶贫模式的探索实践,整体扶贫工作取得了有目共睹的成就(政策梳理及重点内容详见表 1.1)。同时,区域性减贫成效显著,2013—2022 年,农村贫困地区累计减少贫困人口 6039 万人,减贫规模年均达 755 万人,惠及规模占改革开放以来整体减贫规模的 61.0%[②]。西部特别是集中连片特困地区,减贫规模

[①] 国家乡村振兴局. 政协提案第 02174 号 [EB/OL]. http://nrra.gov.cn/art/2022/11/29/art_2203_197828.html. [22-11-29].

[②] 中国新闻网. 国家发改委:全面打赢脱贫攻坚战 9899 万农村贫困人口脱贫 [EB/OL]. https://baijiahao.baidu.com/s?id=1732588555688518778&wfr=spider&for=pc. [2022-05-12].

年均达 633 万人，划定的扶贫重点县，减贫规模年均达 638 万人 ①。

迈入新的发轨道，国家整体扶贫呈现出新的特征。我国目前存在的最突出问题就是城乡发展的不平衡和乡村发展的不充分，基于这两个现实问题，乡村振兴战略应运而生。十九大报告中指出："社会主要矛盾已经转化为人民日益增长的美好生活需要和不平衡不充分的发展之间的矛盾"（习近平，2017）[1]。为了使我国现阶段的社会主要矛盾妥善解决，建设乡村、发展乡村、振兴乡村，必然是国家进一步发展的明智之举。考虑到扶贫工作的进阶，临近 2020 年，我国扶贫工作进入最关键时期，扶贫难度已经不断加大。攻坚拔寨阶段，贫困程度较深地区依然是长效扶贫工作的重心。2020 年攻坚克难工作圆满结束，科学研判发展新形势，中央发布一号文件（2022 年）对新发展阶段乡村全面建设、发展、治理和振兴进行总体部署、有效指导，其中严守"防止发生规模性返贫"底线，指明了新时期"扶贫"道路，脱贫攻坚固果增效，接续实现全面乡村振兴，成为各地区、政府扶贫工作的首要任务。目前深度贫困地区的可持续性减贫工作难点在于：长期历史、地理、自然条件等主客观因素的限制，增添了扶贫工作可持续的困难度；多维贫困视角下，已脱贫地区贫困的精准识别与管理更加困难，脱贫人口易返贫、再返贫、可能的规模性返贫等问题严峻（苏薇和宋福铁，2022）[2]。因此，步入全面乡村振兴时期，减缓贫困战略方向应以加强基础设施建设为根本，以扶贫、脱贫攻坚精神为倡导，加强社会整体的协调同步发展，创新发展与绿色发展理念相适的"生态扶贫"，让绿色发展理念深植扶贫工作的各个环节。

---

① 国家统计局网站. 脱贫攻坚战取得全面胜利脱贫地区农民生活持续改善——党的十八大以来经济社会发展成就系列报告之二十 [EB/OL]. http：//www.stats.gov.cn/xxgk/jd/sjjd2020/202210/t20221011_1889191.html. [2021-10-11].

表1.1 1982—2022年我国主要扶贫政策及扶贫内容[①]

阶段	相关政策	扶贫重点内容	
1982—1993 救济式扶贫为主	《国务院关于认真做好扶助农村贫困户工作通知》《中共中央国务院关于帮助贫困地区尽快改变面貌的通知》《国务院关于加强贫困地区经济开发工作的通知》	基础建设	交通能源基建；支持乡镇办工业和村办及村以下办工业发展；促进农村产品流通环节改善等
		产业发展	重点支持乡镇企业、家庭副业发展等
		就业支持	以工代赈；劳务出口；打造扶贫经济实体等
		其他	重点完"善农口+教育口"相关政策
1994—2000 开发式扶贫（第一阶段）	《国家八七扶贫攻坚计划》	基础建设	饮水工程、乡村公路、电力设施等建设等
		产业发展	促进农村种养殖业发展；培育稀优特色农产品；推行开发性移民政策等
		就业支持	以工代赈；就业指导；劳务出口；大力扶持能够解决贫困群体就业问题的乡镇企业发展等
		其他	"金融+财税+优惠"政策等
2001—2010 开发式扶贫（第二阶段）	《中国农村扶贫开发纲要（2001—2010）年》	基础建设	饮水工程、乡村"四通"1工程、基层医疗机构建设、农（畜）产品和农副产品批发经营场所建设等
		产业发展	产业化发展；"'科技、教育、自愿迁移'+扶贫"等
		就业支持	政策配套给能够解决贫困群体就业问题的企业等
		其他	西部大开发战略及相关配套政策完善等
2011—2014 开发式扶贫（第三阶段）	《中国农村扶贫开发纲要（2011—2020）年》	基础建设	推进土地利用效率提升相关工程；农村"取、输、配、排"水利服务工程建设改造；饮水安全工程；农村交通基建；物流配送建设；电网工程升级改造；推进农村"三网"2融合等

---

① 王焕刚，张程，聂常虹.我国扶贫政策演进历程与农村社会的多维度变迁：分析与启示 [J].中国科学院院刊，2021，36（07）：787-796.

续表：

阶段	相关政策	扶贫重点内容	
2011—2014 开发式扶贫 （第三阶段）	《中国农村扶贫开发 纲要 （2011—2020）年》	产业发展	易地扶贫搬迁计划；围绕扶贫开发工作重点，探索发展"'产业、科技、教育、健康'+扶贫"模式等
		就业支持	突出就业指导与培训
		其他	相关金融、财税、土地等政策不断完善
2015—2022 精准扶贫	《中共中央国务院关于打赢脱贫攻坚战的决定》《中共中央国务院关于打赢脱贫攻坚三年行动的指导意见》等	基础建设	在第三阶段的基础上，添加农村危险房屋改造、人居环境质量提升工程等内容
		产业发展	在第三阶段的基础上，拓展开展"'网络、电商、东西协作'等+扶贫"的新模式，突出扶贫先扶志
		就业支持	突出支持创办扶贫车间、扶贫工厂等
		其他	完善相关政策，重点支持人才、科技发展等

数据来源：根据历年中央和地方发布的相关文件归类整理。

　　研究所涉及的典型农牧区涵盖 6 个自治州和 30 个贫困县（市、区），其中 15 个县、104 个乡镇和 5 个民族乡均属深度贫困地区[1]。近年来，青海省对农牧区的扶贫力度不断加强，（农）牧民生活水平实现改善。从数据上看，脱贫攻坚号角吹响以来，青海省对扶贫工作总体部署分层落实，各地区对标"两不愁三保障"的减贫目标，走好"四年攻坚，一年巩固"步调，以"1+8+10"[2] 政策体系为统领依据，攻坚克难成效显著[3]。党的十八大以来，青海贫困地区 42 个县相继摘帽、1622

---

　　① 玉树新闻网．青海加快推进藏区 15 个县、104 个乡镇和 5 个民族乡深度贫困地区脱贫攻坚 [EB/OL]. http：//www.yushunews.com/system/2017/11/23/012476196.shtml. [2017-11-23].

　　② 中华人民共和国中央人民政府网．青海省五年减少贫困人口 53.9 万人 [EB/OL]. https：//www.gov.cn/xinwen/2021-01/30/content_5583819.htm. [2021-01-30].

　　③ 德令哈市人民政府．德令哈市全面落实推进"1+8+10+3"脱贫攻坚政策体系 [EB/OL]. http：//wap.delingha.gov.cn/info/1097/35102.htm. [2017-10-23]. 注："1"是一个文件即《关于打赢脱贫攻坚战提前实现整体脱贫的实施意见》；"8"是"八个一批"；"10"是"十个行业扶贫"。

个村整村出列、53.96 万贫困人口摆脱贫困[①]。2021 年，青海脱贫群众人均可支配收入同比增长 12.3%，较全省（农）牧民收入增幅高出 2.1 个百分点，系列成果的取得与扶贫工作合理实施密不可分。党的十八大会议召开至今，国家始终把青海省深度贫困地区群众的脱贫致富目标摆在目标要位，给予高度关注。2021 年 6 月，习近平总书记亲临青海，强调青海省的生态价值和意义。2019 年底青海省脱贫攻坚任务圆满胜利，有效衔接全面乡村振兴过程中，新一轮扶贫开发计划着手开始。未来青海省将持续贯彻国家各项政策以及东西部扶贫协作纵深开展工作推进会精神，全新链接青海农牧区的扶贫协作工作，将扶贫侧重点落脚于"深度"贫困地区，稳扎稳打，集中力量降低 15 个深度贫困县、129 个深度困难乡镇以及 6.4 万特殊困难群体脱贫后再返贫、大规模返贫的可能性[②]，确保全面乡村振兴的顺利到来。"深度"贫困地区与青海典型农牧区相交叠，可以说未来青海农牧区社会经济稳定发展、地区的人民生活水平逐年改善，与现行扶贫工作及未来各阶段减贫措施的制定和实施都休戚相关。因此，想要尽早实现青海省全社会稳定发展以及"共同富裕"目标，就必须不断提高一切可以实现减贫增效的措施政策的执行效率。

青海省是一个多民族聚居的省份，省内 6 个自治州作为典型农牧区又属"一地区、一文化、一语言"的特殊深度贫困地区，导致青海农牧区贫困原因复杂而程度深，扶贫开发周期相较于其他地区更长。以往"漫灌"式的固有扶贫方式，对地区可持续发展的作用越来越小，扶贫的地域性和社会性等特征逐步显著。财政承载能力毕竟有限，仅仅依靠政府财政进行扶贫，一定程度上会影响扶贫工作效率更好发挥，必须动员多方力量协同支持贫困弱势群体，齐发力培育发展的内生动力。因此，以财政扶贫为主的减贫模式，应开始逐渐向全社会积极参与模式转变[2]，通过多种渠道和路径的不断探索尝试，方可实现减贫可持续、齐发展，共致富的目标。

---

① 青海省人民政府网. 中共青海省委青海省人民政府关于表彰全省脱贫攻坚先进集体和个人的决定 [EB/OL]. https：//www.qinghai.gov.cn/zwgk/system/2021/06/26/010386658.shtml. [2022-06-26].

② 青海羚网. 中共青海省委青海省人民政府贯彻《中共中央国务院关于做好 2022 年全面推进乡村振兴重点工作的意见》的实施意见 [EB/OL]. https：//www.qhlingwang.com/xinwen/qinghai/2022-03-04/506511.html. [2022-03-04].

多年扶贫工作实践证明金融处于社会资源配置的核心地位，是社会经济运行的血液，因此金融支持对于扶贫工作的促进起着举足轻重的作用，或成为未来扶贫工作的有生力量和不可或缺的手段之一。近些年来我国各级政府、社会各界非常重视金融发展与建设，历年践行的金融体制的相关改革措施也极大促进了金融的完善与发展。目前国家本着"改革存量，发展增量"的基本原则配套金融改革，出台了许多金融新政策、新规定，目的就是为了让金融充分利用其有效资源配置功能优势，发挥更广泛的作用。金融配合财政形成合力，共同作用于减贫这个深远要务具有重要时代意义。全面乡村振兴视阈下，更宽阔的金融服务范畴、更高效的金融支持效率、更多维的金融社会价值发挥等都意味着金融持续支持减贫工作进入了新的征程。

近些年脱贫攻坚决战胜利的利好消息连绵不绝，但也不能忽视目前严峻的问题与挑战。青海农牧区金融发展程度依然离市场化标准甚远，对于金融资源如何进行配置，政府的"手"依然处于主导地位，短期政绩驱使下，地方政府容易将金融资源投入到易显短期效益的领域，缺乏宏观的长期统筹计划安排，加之金融机构本身的市场特性以及固有的逐利思想，造成了金融机构（尤其关注正规金融机构）缺乏长期规划，这根本上与贫困群体金融需求的有效满足存在偏差。金融资金配给不合理、金融存有"门槛阈值"会导致部分最需要金融服务的贫困群体无法获得贷款。资金错配及"高门槛"无疑挫伤了贫困群体自力更生、自主脱贫的积极性。各式各样的现实存在值得有关部门深省，及时响应国家号召做出行动，加快对金融进行深入改革迫在眉睫。新发展阶段背景下，地区之间的差异性凸显，区域金融支持的减贫效应的不同表象，奠定了本研究从全面乡村振兴视角切入，以青海农牧区金融减贫效应为问题导向进行研究的基础。可以说开展金融发展与减贫的相关调研以及研究工作十分必要，重点研究青海农牧区金融支持贫困减缓的效应以及协调发展关系，提出相关建议支持，具有重要的理论和现实意义。

1.2 研究意义

全面脱贫是顺利实现"两个百年"奋斗目标的要点关键。党的十九大召开之际，精准扶贫号角已然吹响，"精准"二字贯穿整个扶贫工作始末。党的二十大，全面指引乡村振兴乃至未来的扶贫工作，也必定朝着更精准、更高效、更可持续的方向发展。研究依托金融减贫的理论机制，探究青海农牧区金融发展在减贫过程中的效应、作用机理，确定适应地区的减贫路径，提出具化建议，系列工作"由点带面""由线带面"，这是对全面乡村振兴视阈下，少数民族地区扶贫开发工作新模式的有益探索，同时研究对实现地区金融与经济、社会、生态的良性互促具有一定的现实借鉴意义。

1.2.1 理论意义

首先，现有的研究大部分以国家为研究样本进行整体分析，鲜有针对某一个地区展开的，更忽略了民族地区与其他地区之间的差异，因此不能很好地反映特定地区的金融与减贫的关系。本研究立足青海典型农牧区展开相关研究，是对民族地区类似研究的有益补充。其次，近年来许多学者从国家、省际宏观层面展开研究，得出金融发展可以改善贫困状况，金融支持减贫存在直、间接效应的结论。基于学者们的研究，本研究再深挖一步，将研究视角下沉至一省辖内的州、地、市层面，分析金融支持减贫的作用效果，这是对该领域研究的进一步延续。最后，本研究仔细考虑乡村振兴五大方略，结合青海的生态价值，把金融支持同经济、社会和生态相关联，构建综合指标展开协调性分析，这是乡村振兴视阈下该领域相关研究的一次新尝试。总之，本研究中的相关研究一定程度上能够丰富金融发展、减贫、乡村振兴现有研究成果。

1.2.2 现实意义

改革开放 40 年来，金融发展和地方扶贫政策相辅相成，促进了地区的发展，共同完成了青海农牧区"脱贫摘帽"的重大使命。本研究以青海典型农牧区为研究对象，首先，针对地区发展进行现状分析，围绕（农）牧民生产生活及思想两方面展开资料收集，这是对青海农牧区发展现状的首次系统性的梳理。其次，脱贫攻坚刚刚结束，现有相关研究和报告中，并没有学者对青海农牧区的扶贫成效进行总结分析，本研究对地区扶贫成效进行全面呈现，所做的工作具有一定的现实意义。再次，基于实证研究结果，明确了地区金融支持减贫的效应，首次验证了青海农牧区金融支持减贫的直接和间接效应及"门槛值"大小，这为青海省或者其他省份少数民族地区乃至临近相似环境下的省、市及地区，新发展背景下可持续减贫工作的探索提供了一些可参考的思路。最后，本研究探索了全面乡村振兴下多维指标的构建，结合地区发展实际，创新构建指标综合评价了地区的耦合协调关系，这为新形势下金融如何良性发展提供了合理的实践依据。总之，研究反映出的观点，如"质""量"并进的金融发展有效支持长效减贫，金融要素与其他发展要素协调同步，地区生态环境附加值借助产业发展有效发挥，地区"双基联动""牦牛贷"等典型经验以及特色农牧业产业"提、稳、补、扩"等扶贫新模式的应用，等等，一定程度上为甘肃、四川等相似民族地区省份，提供了可复制、可推广的经验，这无疑是本研究最大的现实意义。

1.3　研究内容

本研究对全面乡村振兴视阈下，青海农牧区金融支持减贫效应的研究，依照理论分析、问题导向、实证分析和建议制定的研究脉络展开，主要内容为：

第一部分，主要相关理论阐述、概念明晰以及研究逻辑框架搭建，研究后续工作的理论支撑源自于此。相关概念包括贫困、全面乡村振兴、金融发展及减贫效应；理论框架主要包括研究的理论基础，贫困地区的主要致贫因素以及金融支持减贫的机理。

第二部分，青海农牧区现状分析及减贫成效总结。以青海农牧区为分析对象，深入剖析地区金融发展状况、金融发展成效。青海农牧区金融发展取得明显成效，金融服务覆盖率有所提高，金融服务的可得性不断提升，地区金融综合服务平台建设取得突破。

第三部分，金融支持减贫效应研究。利用青海农牧区各州的面板数据展开金融减贫效应实证分析。面板数据源自青海农牧区所辖 6 个自治州的观测值。首先，采用静态面板模型验证金融促进减贫的直接效应。其次，选择有调节的中介效应模型，检验金融发展规模和金融发展效率借助经济增长、社会发展和生态建设三条路径促进减贫的间接效应，并展示背后的逻辑调节关系。最后，运用面板门限回归模型探究金融减贫的门槛特征，展示了不同门槛下金融支持减贫的效应，同时整理出青海6个自治州的门槛特征。

第四部分，耦合协调关系研究。作为效应研究的进一步延续，这部分内容首先构建了"金融—经济—社会—生态"耦合协调分析模型，对青海农牧区良性金融发展与经济、社会、生态的耦合协调发展关系进行验证与分析。其次，客观展示了青海农牧区以及辖内6个自治州，金融与"经济—社会—生态"的耦合度和协调度并作出相应的评价。为了更好链接之前模块金融作用效应的研究内容，凸显金融发展的重要性，本研究又利用简单回归分析验证了金融在综合系统耦合协调关系中的显著地位。

第五部分，青海农牧区金融发展与地区优化发展对策研究。在前几部分研究的基础上，针对性地提出全面乡村振兴视阈下，金融与地区发展进一步深入优化的对策。金融发挥稳定支持作用，除了金融本身良性发展以外，也离不开各体系的协调共促，力图说明全面乡村振兴视阈是涵盖金融在内的多方面的共同发展与进步。

1.4 研究方法与技术路线

1.4.1 研究方法

1.4.1.1 文献研究法

积累众多国内外相关学者的研究成果，对文献进行归纳梳理，就研究所需相关知识及理论机制开展阐述与明晰。掌握中外针对扶贫开发工作系列研究及最新进展，重点把握国内，尤其是多渠道了解乡村振兴下，各地区包括青海在内，有关扶贫与发展的最新动态，结合金融深入挖掘该领域的最新研究成果，形成研究思路及分析框架。在此基础上，多渠道收集政策、文件、报告等，特别关注民族地区、青海农牧区的发展情况。基于对文献资料的吸收和理解，明确了全面乡村振兴、金融与减贫、减贫效应以及耦合协调等诸多概念。

1.4.1.2 实地走访调研

研究的第二部分，地区状况分析及减贫成效概括评述中会运用到青海农牧区大量经济发展、生产和生活现状以及金融支持减贫成效的相关材料和数据，因此需要通过田野调查法以获取第一手资料。各相关部门网站上公布的数据统计结果多有不一致，由于缺乏来源可靠的准确数据，因此需要进行实地走访进行补充。首先，拜访当地的专家，在全面乡村振兴视阈下，针对青海农牧区金融发展影响减贫的因素的重要性进行评定，保证获取数据准确性的同时，为后续分析研究提供科学性和有效性的支持。其次，研究从实际情况、客观情况出发进行实地走访，深入了解青海农牧区扶贫工作和金融发展的基本现状，寻找问题、掌握实情，问题导向后续研究。最后，研究主要采用封闭性问题配合必要的开放性问题，进一步了解被访者的态度、动机等心理情况，从而为数据的可靠性再增一道防线。

1.4.1.3 案例研究法

研究通过搜索互联网上的数据信息（特别是权威网站）、检索相关报告文件和报纸、向领域内专家及实地工作人员进行咨询等方式，广泛收集相关资料和案例，充分了解青海农牧区贫困特点、金融发展服务现状和地区发展状况，尤其特别关注近年来,青海省扶贫开发过程中,金融稳定支持发展的典型做法和成功经验模式。现状分析及对策建议的提出，也是基于典型案例储备的归纳与升华。该方法为本研究深入展开研究提供了最新、最真实的可靠依据。

1.4.1.4 实证分析法

研究结合定性分析结果,始终围绕"乡村振兴",运用所得数据定量地进行统计、建模分析。首先，在本研究第三部分中，客观评价了青海农牧区脱贫攻坚目标完成后的减贫成效，结合现状分析抛出问题为研究铺路。其次，通过面板数据模型对青海农牧区涉及的 6 个自治州的金融减贫效应展开回归分析，验证金融支持减贫的效应。再次,运用调节的中介效应分析方法,检验金融发展能够通过经济增长、社会发展和生态建设三重路径发挥减贫的中介效应，并借助分析说明背后的逻辑联系。接着，运用面板门限回归模型探究金融支持减贫的门槛特征。最后，在本研究第四部分中，构建"金融—经济—社会—生态"综合评价指标，利用耦合协调分析模型对青海农牧区金融发展与经济、社会、生态的协调关系展开实证分析。

1.4.2 技术路线

直观起见，本研究的技术路线见图 1.1。

全面乡村振兴视阈下金融支持减贫效应研究
——以青海农牧区为例

研究逻辑　　研究内容　　主要研究方法

理论支持 —— 相关概念和理论框架

问题导向 —— 发展现状分析 扶贫成效评价 —— 文献研究、田野调查、实地走访与访谈

金融支持减贫效应分析

直接效应分析 —— 熵值法处理指标权重 面板数据模型与回归

中介效应分析

中介变量	经济增长
	社会发展
	生态建设

调节中介效应模型与回归

门槛效应 —— 门限回归模型与分析

耦合协调关系分析

金融

社会　耦合协调　经济

生态

熵值法处理指标权重 构建评价函数 测算耦合度C 测算耦合协调度D 金融支持的显著性验证

地区优化发展建议 —— 完善金融良性发展体系 优化完善经济、社会、生态体系

结论与展望

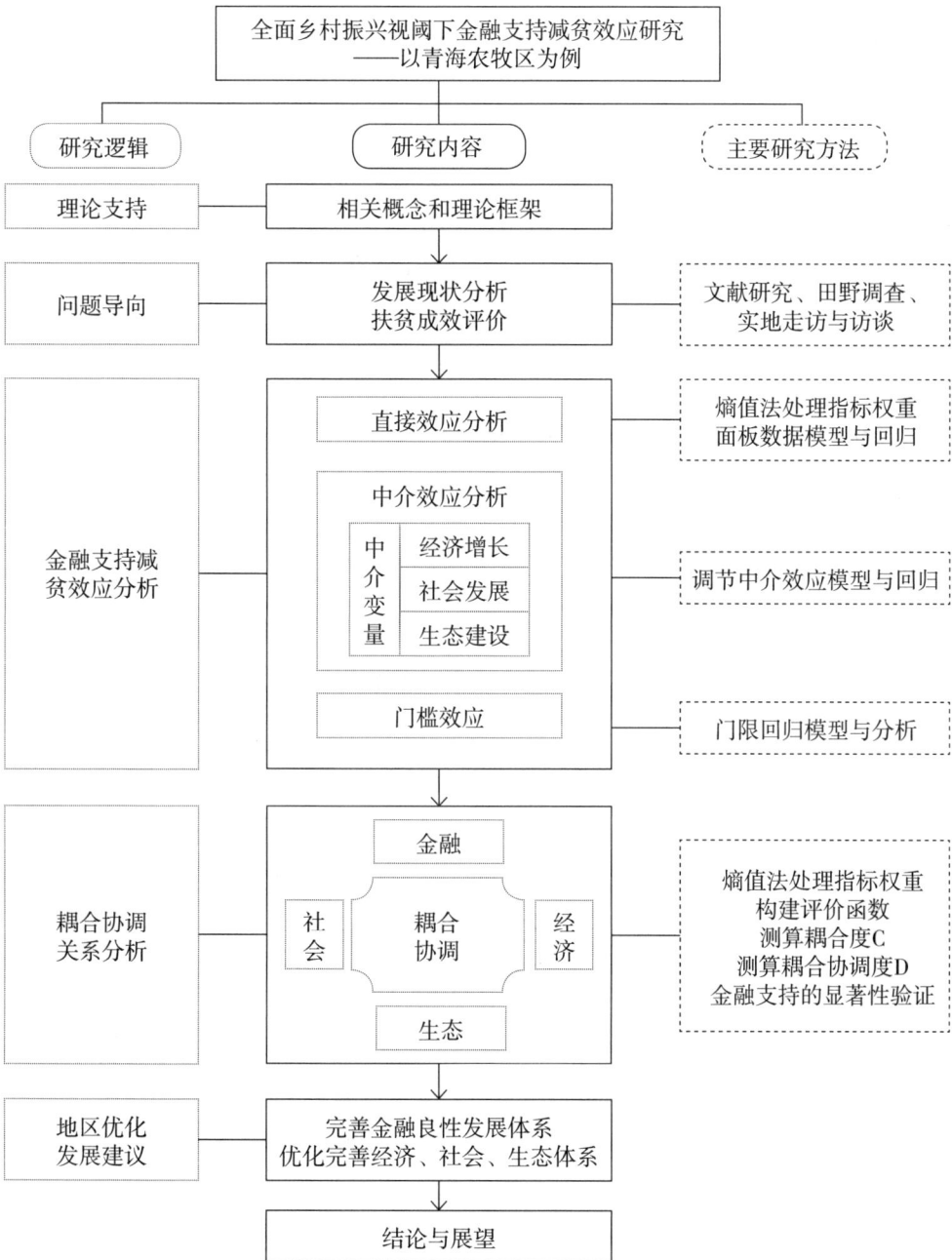

图1.1　技术路线图

1.5　创新之处

第一，立足青海农牧区金融支持减贫效应的研究视角。与以往研究不同的是，本研究研究金融支持减贫的效应是针对某个特定地区展开的，研究对象聚焦民族地区，具有典型性。变量的选取兼顾了民族地区与其他相对发达地区在地域、文化、发展等方面的差异性；对贫困的度量既包括农村也包括城镇，以示客观；对金融发展的度量既有"量"的反映，也有"质"体现。同时延伸已有研究，将研究视角下沉至地区辖内6个自治州，"由点带面"做到整体与局部的全面分析。研究是对青海省及类似省份民族地区金融支持减贫相关研究的有益补充。

第二，丰富了中介效应和门槛效应的研究路径并改进了研究方法。现有文献研究金融支持减贫多借助经济增长和收入改善两个路径谈中介效应。与已有文献不同，本研究将乡村振兴"五大振兴"内容进行归并，探讨中介效应和门槛效应时，创新引入了社会发展和生态建设两个新路径，合理赋予权重，对中介效应、门槛效应在三条路径上进行综合展示，并将门槛模型分析结果与线性模型分析结果进行了对比评判。另外，在分析中介效应时，进行了方法的改进，选择调节的中介效应分析方法，客观说明金融支持减贫效应的同时，也说明了深层次的逻辑联系。系列分析尚属首例，是对金融发展、金融支持减贫效应、乡村振兴相关研究的完善。

第三，创新了耦合协调分析的相关研究方法和指标。全面乡村振兴下，人类经济社会发展的终极状态乃是多维因素间的耦合协调发展。已有文献主要侧重于研究某一单项指标与发展过程中某个方面的发展是否耦合协调，与其不同的是，本研究将金融发展纳入整体发展的考量范围，结合"生态立省"实际，创新构建"金融—经济—社会—生态"综合评价指标，设立了适用本地区的耦合协调模型，同时客观测评了"四大系统"的耦合度和协调度，类似相关研究无人涉足，本研究也是首次探索。此外，耦合协调关系中也切入了新的研究角度，在给出青海农牧区整体与6个自治州耦合协调状况评判结果的基础上，进一步通过回归加强验证了金融在其中的重要性，这也不失为是一种创新。

1.6 本章小结

本章为论文的绪论部分。依托对青海农牧区目前金融发展、地区减贫和乡村振兴战略实施情况的掌握，甄选出最佳的研究选题，分别从研究背景、研究目的、研究意义、研究内容、研究方法和研究的创新性多个层面进行解析与阐述，为研究开展的必要性和重要性奠定基调。本研究站位青海农牧区，以全面乡村振兴为创新视角切入，研究地区金融支持减贫效应是必要也是必须。整体上，本研究以青海农牧区金融减贫效应为研究重点，问题导向展开地区金融发展与减贫成效的相关调研，进一步基于乡村振兴视阈，进行实证分析方法的创新与改进，力图清晰刻画青海农牧区金融支持减贫效应，即围绕"效应"一词，重点说明地区金融支持减贫的直接效应、中介效应、门槛效应。随后结合改进的耦合协调分析方法，进一步凸显金融发展与地区整体发展的融合性与协调性，以期更好说明金融发展在地区发展中的重要性。各实证分析层层递进，闭环验证了研究主旨。可以说，系列研究工作以及最后针对性给出的地区优化发展建议，对青海农牧区推进金融发展、实现贫困减缓、有效衔接全面乡村振兴均是有益的。

第2章　文献综述

2.1　金融发展相关理论

发展经济学的产生与丰富拓出金融发展理论。20世纪前半叶，金融发展理论并未引起经济学家的重点关注，金融仅被视为是工具之一用以积聚资本，促进工业化。1945年二战结束，受战争影响，许多国家不同程度表现出了经济储备不足和发展资本欠缺，经济学家开始逐渐关注滞后的金融发展对经济的制约问题。Gurley & Shaw（1955）就金融发展与经济增长展开论证，主要观点归为经济发展向更高阶段递进，金融的作用发挥趋强[3]，研究成为金融发展理论研究的基点，相关后续研究的根基源自于此。

20世纪中叶以后，"金融结构""金融抑制""金融深化""金融约束"等传统理论相继提出，辩证地阐述了金融发展与经济增长的关联关系。伴随金融结构的完善，部分学者敏锐捕捉变化，提出了金融发展功能理论，基于支付清算、信息监督和便利以及风管风控等功能视角，客观论证了金融发展与经济的关系，金融发展理论研究范畴得以丰富拓展。到了20世纪末期，金融发展理论研究范畴进一步交叉融合了法学、政治学、社会学等其他多类型学科，基于金融律法、文化民俗、政治利益等多个视角展开研究，深挖不同国家体制下金融发展表现差异的根源。随后多位学者又从资本形成、人力资本失衡增长等多个角度来探讨和分析问题，对该领域的研究理论进行了增补。近年来，金融相关理论交叉延伸至扶贫领域，丰富金融相关理论的同时，验证了金融视角支持减贫的可行性，扶贫理论的研究范畴也得以拓展。

2.1.1　传统金融发展理论

传统金融发展理论形成的基础源自"理性人逐利最优的预设"，"理性"的分析逻辑框定了其研究范式。依据文献,可围绕"金融结构理论""金融抑制理论""金融深化理论"和"金融约束理论"四个方面展开归纳。

2.1.1.1 金融结构理论

Goldsmith(1969)第一次相对全面地阐述了金融结构论。他利用金融相关比来表现金融发展水平,以量化手段看来自 35 个国家共 104 个数据是否能说明金融发展和经济增长的内在关联,实证结果显示金融规模与供给质量相适配的条件下,金融发展与经济增长是并行同步的,超过均速的金融发展可催生经济的高速增长,这样金融工具的丰富、机构的完善和结构的优化三个要素成为衡量地区金融发展水平的首选指标,三者通过调节配置社会生产资料从而达到促进经济增长的目标[4]。金融结构论虽未对其他控制变量的影响深入研究,但却第一次尝试了在经济学研究领域中独立脱胎出金融发展观,尽管存在改进空间但一致被认定为是金融发展理论的础石。

2.1.1.2 金融抑制理论

Mckinnon(1973)提出金融抑制论,一定程度上明确了金融抑制的界定:货币管理当局(央行)凭据货币管理制度对金融机构的市场准入、设立方法、结构布局及资本运营进行严格控制[5]。Mckinnon 的研究指出,过分管制的利率与汇率不利于发展中国家利(汇)率调整,导致金融功能难在资本市场较好发挥,普遍存在通货膨胀的情况下,为控制利率水平,发展中国家金融管理当局常对金融机构多加干涉,导致实际利率水平跌至负值,信贷配置效果被稀释[5]。Mckinnon 阐述金融抑制时,将货币用 M2 衡量,但实际分析中,银行体系的存款却未在考虑之列,货币界定的模糊性成为主要争议,但研究的价值却未受到影响。

2.1.1.3 金融深化理论

Shaw(1973)扩展了金融发展理论的可探索领域,站在金融抑制的相反面谈金融深化。日渐扩大的金融规模、多样化的金融工具、成熟完善的金融机构以及优化配置的金融资源皆是金融深化的突出表征,与 Mckinnon 不同,Shaw 针对金融抑制特性,指出只有松化利(汇)率管控,减少国家层面干涉,有效压制通胀率,才能真正有效提升金融资源汇集和资本配置的能力[6]。在发展中国家,金融深化能有效调动储蓄，激励更多投资转化，使经济得以发展。相应的，经济增长需要更多金融服务匹配，从而达到利率、储蓄、投资与经济增长的联动发展。后续的Kapur（1976）、Galbis（1977）、Mathieson（1980）和 Fry（1978、1980）等通过实证分别从劳动力资源与金融发展、固定资本投入与金融发展、真实利率水平与金融发展、投融资关系等角度充盈了金融深化理论[7-11]。我国学者崔巍和文景（2017）基于前人研究进一步证实了社会资本、法律制度与金融发展之间关系，认为地区金融深化发展的显著表现即为社会资本和法律制度水平的提高[12]。可以说，金融抑制和金融深化是从事物的正反两面进行论证的，达成共识的是合理金融改革和适当减少非必要金融干预，是有利于增加积累驱动投资、协调金融发展与经济增长关系的。

2.1.1.4　金融约束论理论

1977 年，金融危机横卷东亚、东南亚大部分地区，这对金融自由化发出了挑战。在金融市场失效氛围中，学术界开始质疑金融自由化对稳定经济发展的作用。Hellmann 等（1998）认为欠发达国家金融发展相对落后，信息不对称问题突出，信贷配给效率自然不佳。产出或经济增长可能受利率波动影响形成停滞，此时政策导向十分关键，可以借助对存贷款利率调控、市场准入机制设置、必要时的竞争管制等金融或其他政策手段，为金融、企业等主体创造多渠道的发展机会。协调"投资—储蓄"平衡，畅通信息，调动人力物力参与资源性生产，能够缓解经济稳定运行中信息不对称的负面影响，所以说稳定的宏观经济环境、适当的通货膨胀率以及正的实际利率是金融约束最佳效果呈现的三个先决条件[13]。我国学者常莎等（2015）重点研究信息不对称束缚金融支持的有效性问题，他们认为资金需求方在信息发送、传递、甄别及接纳等系列过程中出现问题会导致信息的不对称，直接的结果是致使金融需求方获取金融支持的有效性受到约束，那么可以从创新构建信息传递渠道和甄别机制两方面尽力完善信息归集和披露制度，从而破解金融约束问题[14]。实际上在金融约束下，存贷利差在利率控制过程中自然形成，金融中介机构的租金机会被更多创造，活动收益和福利会随竞争性溢出递增，金融深化程度加深；反观金融压抑下，政府施政带来高通胀，家庭部门的财富向政府集中，各种利益集团竞相施压，迫使政府转变政策，直接的结果是民间部门资源被政府占夺，从这个角度分析，金融约束与金融压抑两者间不能单纯划等。

2.1.2　功能视域下的金融发展理论

20世纪80年代中期，金融发展理论聚焦于内生增长理论，受到内生增长理论影响的金融发展研究成为一种进步，被称为现代经济增长理论，该理论的观点是内生技术进步带来的金融功能拓展，成为保证经济持续增长的决定因素。相关研究认为与变化的金融结构相异，金融相关功能如支付清算（Gurley & Shaw，1960）[15]、信息匹配（Leland & Pyle，1977）[16]、交易成本控制（Benston & Smith，1976）[17]、监督协调（Diamond，1984）[18]、风险管理（Allen & Santomero，1997）[19]等却是相对稳定的。

在前人研究的基础上，Merton & Bodie（1993，1995）从"金融功能观"视角，总结了经济增长实现过程中金融发挥功能作用的内在机制：一是支付清算，通过"安全高效"的支付清算服务，疏通了金融业为商品买卖、劳务流动和资源交付等提供相应服务的"管道"，效率金融；二是资源转移，帮助实现资源在时间、空间及产业间的有效配置，促进增长；三是风控风管，即通过创新的金融产品和有效的投资组合，专业化运作多口径地提供风险聚合和转移机制；四是畅通信息，利用信息优势，高效迅速地输送价格及其波动信息至参与经济活动的各部门，减少信息不对称的不利影响，低成本优化各部门的行为决策；五是激励相容，信息不对称诱发"激励问题"，创新金融工具、完善金融工程等可以减少信息摩擦[20]、[21]。几大功能相互交融，不同类型的金融机构也可能存在功能上的重叠。

金融功能观成为当时的背景下的全新钻研视角，很多学者开始进入这片研究洼地。Levine（1997）就金融所有功能做了系统的分析和总结，认为效率交易、调动分配资源、套期保值、分散降低风险、监督合作等都是金融功能的具体体现[22]。Rajan & Zingales（1998）的研究表明，逆选择和道德风险问题可以通过会计财管、信息披露、公司治理等这类金融重要功能的完善得以缓解[23]。Allen & Gale（2000）又从价值创造、信息生成与共享、潜在风险规避、流动性改善、监督与治理等角度细致补充了金融功论[24]。白钦先（1998）基于政策性金融完善界定了金融功能，即包含逆向性选择功能、倡导与诱导功能、直接扶持和强力推进功能、辅助性和补充性功能、扩张性和虹吸性功能、服务功能和协调功能等，其中政策导向功能为诸多功能中最基本的功能[25]，这是我国学者对金融功能视域观的拓展与创新性总结。要注意到金融发展具有目标的公共性、作用范围的公共性以及运作机制的公共性，因此研究金融功能有效发挥的实践质量与效能时，应该考虑到金融公共性特征（白钦先和张坤，2015）[26]。总体来看，国内外学者就金融功能视域观的关联性研究不断深入，文献资料不断丰富，从多视角拓宽了金融发展理论。

2.1.3 多元化的金融发展创新理论

20世纪90年代以后，金融发展理论步入新阶段，可视为金融发展理论步入"因地制宜"的创新探索阶段。金融学开始与社会学、法学、政治学等交叉融合，学者们在研究不同地区金融发展水平呈现差异的根源时，可更多角度展开。

La et al.（1997）认为金融发展受制于法律规程与准则，相应针对投资者的法律法规配套保护愈齐备，金融发展水平就愈加可以得到提升[27]，这成为金融学和法学交叉的新兴理论开端。La et al.（1997，2000，2002），Laeven & Majnoni（2003）在随后的研究中围绕着法律制度演进和金融发展之间关联性进行了实证分析，再次证明了法律健全度正向关联着金融发展水平[27-30]。Rajan & Zingales（2003）进一步明确了金融发展过程中必少不了政治要素的干预，现有利益集团通常难以在金融发展中获得期待的利益，而新进入企业可能会在金融发展中获益，某些程度上打破了利益平衡关系，因此，原有既得利益集团通常会施压对金融发展设障[31]。政策金融关联理论强调政治权力在金融发展和金融功能发挥作用过程中的直接影响，这也是造成各国差异的金融发展水平的根源所在。随后，Stulz & Williamson（2003）考虑社会学与金融的交叉，分析文化变量对金融发展的影响，实证结果表明文化习俗（宗教信仰/语言）影响一地区价值标准的设定和演进、制度的制订与转变以及资源配置决策导向，间接作用于金融发展，因而金融发展过程中理应考虑到文化差异[32]。Guiso et al.（2004）选用受限因变量模型和概率单位回归模型展开实证分析，发现在意大利社会资本正向影响信任水平，而各类融资合约的订立达成又取决于信任程度，因此信任水平一定与金融发展存在关联[33]。也要注意，融资条约订立的制度准则一定与国家发展的诸多宏观因素相关，但借款人的可信程度可以得到控制（Mankiw，1995），这种控制被视为是交易实施的有效保障之一[34]。因此，Guiso et al. 认为一个国家拥有高水平的社会资本，必然提升整体信任程度，金融发展水平随之趋高[33]。

我国学者基于金融发展融合减贫、金融支持发展可持续以及金融高质量发展等更多视角诠释了金融多元创新发展的重要意义。周孟亮（2018）认为多元化金融创新发展使得金融包容性增加，那么金融减贫资金与主体脱贫能力便可有效结合，同时创新构建有效的风险补偿和分担机制，可提升贫困主体的内在脱贫能力，实现发展可持续[35]。金融多元化发展让金融能够更有效发挥滴落效应、赋能效应、社会网络效应、文化伦理效应与产业链效应，这是一项系统性的制度创新框架和顶层设计思路（王曙光，2018）[36]，尤其在供给侧结构性改革俨然成为引领中国未来经济增长的制度红利背景下，从政府侧和金融机构侧展开系列改革，可攻克地区发展过程中的诸多障碍，这同时也是金融体制深化改革跟进，实现金融机构自身和地区发展可持续的有效探索（蔡键等，2017）[37]。事实上，金融创新可持续发展是来自于量性金融发展和质性金融发展的共同促进（白钦先，1998）[25]，当然金融发展的动态过程与稳定性亦是辩证统一的，深刻把握住这一关键要点，那么针对金融发展内在作用机制的理解问题便可迎刃而解（白钦先和谭庆华，2006）[38]。在我国，农村金融高质量发展对于有效衔接全面乡村振兴战略，尽快实现农业、农村现代化现实意义巨大，金融创新发展、金融业数字化转型步伐加快等均能有效破解我国农村金融高质量发展"瓶颈"，有助于平滑农信机构改制不到位、基础设施落后、风险分担机制滞后等问题，如此一来就农村金融数字化转型、农村金融产品与服务多元化创新、农村金融发展模式创新重塑等相关内容的研究，都揭示了金融创新发展是赋能农村金融高质量发展的现实路径（张正平和董晶，2023）[39]。

2.2 金融支持减贫的效应

金融发展促进减贫，国内外文献中大多数是持赞同态度的。赞同声中又有学者认为金融支持减贫得益于经济增长，是涓滴效应和收入分配效应共同作用的结果。金融普惠深度和广度的改善也得益于经济增长。从已有诸多关于金融发展支持减贫的文献中，我们可以得出金融发展支持减贫的效应主要可以分为四类：直接效应、间接效应、门槛效应和贫困减缓反效应。

2.2.1 直接效应

不少学者赞同通过对低收入群体供给金融服务可以直接改善贫困境况的观点。Jalilian et al.（2002）挑选了不同发展程度的国家的金融发展数据，量化分析金融发展支持减贫的显著成效[40]。以此为据，Beck et al.（2004）选择个人信贷/国家生产总值作为研究指标，重点研究欠发达国家的金融发展水平，发现这一指标的提升带来地区民众生活水平改善的同时，也会产生发展不均衡性问题，但总体上看是益大于弊的[41]。Jeanneney & Kpodar（2005，2008）发现以 M3/GDP 为金融发展指标时，在贫困减缓的过程中金融起到了正向促进作用[42]、[43]。Odhiambo（2010）证实了直接金融活动会带来系列好处，比如社会投资增加、资本有效积累以及收入波动降低等，这些都是金融发展有效支持减贫的具体表现[44]。同时 Odhiambo 在另一篇文献中检验了长时间维度（1968—2000 年）上的金融与反贫困的跨时空因果关系，调查结果发现金融发展始终有益于帮扶穷人，金融行业促进贫困减缓的同时还具有亲储蓄性（Odhiambo，2010）[45]。Imai et al.（2012）认为金融发展可以为低收入群体提供更多资金可得机会，同时通过资金投向直接引导贫困人群资金使用方向，合理地将资金投入使用，加之资金支持可能存在增加储蓄、平滑消费的影响，最终减缓贫困[46]。Tsai et al.（2009）则基于 99 个发展中国家的空间数据进行了实证研究，选取信贷规模变量，探讨其与减贫之间的关系，发现信贷规模的增加与贫困广度的降低显著相关[47]。Cui & Zhang（2012）把中国作为研究对象，检验了金融业的发展与贫困之间的内在关联，结论发现它确实有利于降低贫困率[48]。Jarábková et al.（2016）同样选用信贷规模指标，发现它与收入不均显著相关，金融发展会改善不均衡问题，最终反映在贫困程度上[49]。Kollanthara et al.（2016）和 Imai et al.（2010）发现私人信贷投放影响收入水平变化，特别是在欠发达地区能改善收入不均，减少贫困发生，从而有效提升社会福利[50]、[51]。Kaidi et al.（2019）界定金融制度质量指标，利用 1980—2014 年 132 个国家样本进行检验，发现金融制度质量对贫困水平有一定的抑制性[52]。但需要特别注意的是，金融系统只有在开放状态下才能够促进减贫，封闭的金融系统单只促进了高收入人群的发展。相对贫困的人一般因为受到正规信贷的获得约束，通常会选择从非正规金融途径获取贷款。不可轻视的是，非正规金融机构的尚不健全性，能够让相对贫困群体投机获利，但这种利益不稳定并且可能引发信用风险问题（Rajan et al. 2003）[53]。

金融发展最直接的效应主要体现在信贷水平方面，信贷不失为是一种最有效的减贫途径。金丽和张丽明（2014）研究了小额信贷规模和减贫的关系，发现合理扩大的小额信贷规模能提高就业率，帮助贫困群体脱贫[54]。长期来看，金融信贷服务提升和货币化进程对相对贫困人群是有益的，能够有效降低贫困地区的贫困程度。短期来看，个人信贷服务的增加也能够降低贫困程度（姚耀军和李明珠，2014）[55]。潘功胜（2016）归纳出金融信贷缓解贫困的途径主要有三：一是通过金融信贷支持企业发展；二是通过金融信贷改善弱势群体的收入；三是通过金融信贷激发各部门的储蓄热情[56]。雷曜（2016）认为金融发展与扶贫工作措施配合相得益彰，而小额信贷是金融支持减贫最典型的形式[57]。贫困群体获得小额信贷频次越高，小额信贷对其的经济性支持力度就越大，小额信贷的惠及面愈大，减贫的效果就愈好，这种扩张长期看是利贫的（王颖，2016）[58]。申云和李庆海（2019）基于农民合作社稳定发展的视角研究供应链金融信贷的支持作用，发现金融信贷概率提高可以有效降低贫困综合指数和多维贫困阶数，直接支持效应明显，且不同主体领办型[①]农民合作社供应链金融信贷，更利于纯农型贫困户[59]。金浩等（2020）研究县域贷款规模对贫困地区的减贫效应，发现扩大县域一级贷款规模不仅能推动本县域经济发展，还同时能缓解贫困状况[60]。

2.2.2　间接效应

学者认为金融减贫不仅只有明面可见的直接效应，还可能潜藏着间接效应，间接效应虽不直接但其作用对扶贫开发影响长远。学者们表示，金融发展连同其

---

① 注：不同主体即种养殖大户、企业、村干部。

资源配置功能的优化，能助力经济正向发展，利用涓滴渗透提高贫困人群的收入，解决收入型贫困问题；金融发展也能够恰当引导收入分配，缩小收入分配不平衡性问题，进一步降低贫困。所以，对间接效应相关文献的归纳总结，也大致主要从这两方面展开：

2.2.2.1 金融发展促进经济增长间接作用于减贫

相关文献中认为金融可以通过推动经济向前发展进而影响贫困水平的学者较多。Dollar & Kraay（2002）证明了金融的减贫作用是通过联动整体经济增长来实现的，金融发展状况与贫困状况显著关联[61]。Honohan（2004）选用不同国家的数据，把金融指标表示为个人借款/GDP，发现这项指标在推动经济增长方面的效果明显，能减少贫困发生[62]。Sehrawat & Giri（2016）通过格兰杰检验量化研究了南亚国家金融在减贫中的角色，结果发现金融发展带来经济增长，在长期或短期下一定程度上对减贫都是有利的[63]。Rashid & Intartaglia（2017）专门以欠发达国家的金融和经济发展数据为样本，既从经验上考察了金融发展对地区减贫的影响，还进一步探讨了金融发展是否能够通过机构质量和GDP增长影响贫困，结果发现金融发展对于消除绝对贫困有重要作用，但对于相对衡量标准下的贫困问题未产生有利影响[64]。Ruch & Geyer（2017）以南非共和国为研究对象，发现金融推动经济增长而促进减贫，相比之下公共部门的资本投资促进减贫的作用较弱[65]。

黄建新（2008）对非正规金融的减贫效应进行实证分析，发现非正规金融满足了中小企业的融资需求、赋予贫困人群更多的劳动机会，以此来促进经济增长，并通过"滴漏效应"达到减贫目标[66]。陈飞和卢建词（2014）以CHNS数据为依据，通过实证分析得出提高经济效益可以有效地降低贫困人口规模（广度），但是这种关系呈规模效益递减，分配不均会使低收入者的收益获得不断减少，进而影响贫困的降速，这种扭曲的分配结构最终使得相对贫困加剧[67]。武丽娟和徐璋勇（2018）发现金融发展，既促进经济增长又间接发挥减贫效应，但也要看到地区差异，金融支持减贫效应东部显著，西部不显著，中部地区一定程度上具有减贫效应，在金融对经济的促进作用上两位并未给出佐证[68]。刘炯等（2020）选取2003—2018年间的农村金融、经济和贫困等数据，分析研究农村金融的间接减贫效应，发现农村金融发展与农村经济增长之间、农村经济增长与农村贫困减缓之间，可以形成长期稳定的均衡关系，农村金融发展通过经济增长路径间接缓和农村贫困问题。扩大贫困地区金融供给，优化农村金融生态，完善和创新涉农保险（金融）产品，可以有效地发挥农村金融的间接减贫效应[69]。

2.2.2.2 金融发展促进收入改善间接作用于减贫

认为金融可以通过缩小收入分配差距来改善贫困窘况的学者为数不少。早在 1993 年 Galor & Zeira 就提出要发展金融，下调信贷服务门槛标准，将更多金融服务的机会给到贫困群体，这能有效缩减收入差距，进而利于减贫[70]。Li et al.（1998）收集了多个国家在 47 年内的经济与金融相关数据并进行了实证量化研究，得出结论：资金配置的这种活动，现实影响着居民的收入；进一步发现有效的资金配置惠及结果穷人比富人更显著，带给穷人的收益更多，规模的扩大带来了多方面的显著改善，让穷人伸手可触更多受教育、医疗保障等机会，这些改进着实有效地促进了贫困状况的减缓[71]。Beck et al.（2004）验证了金融服务对贫困人群的收入提升具有正向促进作用，且促进作用的强弱程度上穷人高于富人，穷人收入会大幅提升，最终改善贫困[41]。Jalilian et al.（2002）的研究成果中揭示了金融间接支持减贫的效果，最终发现资金的配置活动更加合理，特别对穷人的收入改善有利，鉴于此政府部门可以通过制定有效的措施和合理的政策来为金融发展提速，从而改善低收入家庭的窘况[40]。Honohan（2004）认为贫困地区金融发展水平的提升是解决收入不均的一味良药，佐证了这方面的结论[62]。同时，Beck et al. 还以发展中国（1980—2000 年）的金融发展和经济增长指标作为分析依据，重点研究了私人信贷/GDP 这项指标，发现它同样能带来收入改善，且这种改善还能弥补其所带来的不均衡性问题，进而缓解贫困。另外，贫困人口比率的减少速度更快，更大的降速幅度往往可以抵补由于不平等所造成的贫困加速幅度，两种效应的综合，改善了贫困[41]。Muhammad et al.（2015）研究了金融发展和群体收入不平等的长期关联性，认为经济增长会扩大收入不平等，而金融发展却能够抑制这种现象，同时通货膨胀率和全球化也会弱化收入不平等[72]。

苏基溶和廖进中（2009）深入分析了金融减贫效果，发现低收入群体能够从金融发展中获益，金融发展在收入分配效应上的作用并不显著，但对于个人收入改善的效果显著。进一步对比不同区地，发现一产比重较大的地区，金融发展对减贫的影响效果显著，能有效平衡收入不均[73]。刘纯彬和桑铁柱（2010）构建了乡村金融深化和收入分配理论模型，以我国改革开放后31年数据展开量化研究，发现在乡村随着金融规模扩大，农民收入差距有效收缩，农村金融发展的中介作用明显，对收入不均等问题产生抑制效应[74]。崔艳娟和孙刚（2012）利用面板数据量化研究了金融发展的减贫效果，结果是用规模和效率两方面考虑的金融发展指标，借助中介效应发挥了减贫增收的作用[75]。沈扬扬（2012）对从事不同经济活动的农户类型家庭和他们的收入项目数据进行分组分析，总体上看收入增长对减贫是有效的，同时也发现收入差距大的组别减贫效果并不理想[76]。胡宗义等（2012）系统化研究了农村非正规金融发展（金融发展规模和金融发展效率）的长、短期效应，从短期效应来看，非正规金融规模扩大有益于弱化农民收入不平衡却无益于农民增收，非正规金融发展效率提升有益于农民增收却无益于弱化农民收入不平衡；从长期效应来看，非正规金融发展规模扩大和效率的提升均明显有益于农民增收，对调节农民收入不平衡的作用十分有限[77]。

2.2.3 门槛效应

不少学者发现金融减贫效应中存在着门槛特征。有学者基于库茨涅兹的假设理论，站在分配视角分析得出金融发展与贫困减缓间的倒"U"型曲线关系。Greenwood & Jovanovic（1990）最先提出金融能否有效减贫呈现周期差异：金融发展初期水平较低，对所提供的资金限制严格，富人能够通过积累的资本或者有效抵押物，从金融机构获取资金支持，但是穷人却因为不具备资金支持条件而不能贷款，这样循环往复就会造成马太效应，原本不富裕的人每况愈下，恶性循环不利于其摆脱贫困；当经济向好时，金融发展水平进入提升阶段，政策信号反映出更低的贷款门槛，这样穷人也能获得一定资金的支持，增加收入，带来了收入差距缩小，必然会改善贫困[78]。Aghion & Bolton（1997）提出创办企业可以减贫，企业家既可以承担高风险获得高收入，也可以选择承担低风险获得稳定收入，由于信息不对称，企业初创缺乏资金需要贷款，资金有限者并不能拿出超出自己实力的抵押物，从而失去享用资金的机会；随着企业发展形势好转，越来越多能力较强的人脱颖而出成为企业家，那么收入差距随之变化，呈现先增加后减少的趋势[79]。Rajan & Zingales（1998）也认为如果金融市场没有足够的竞争力，那么相应地对贫困群体信贷配给的金融包容性会下降[53]。Gregorio & Kim（2000）提出金融服务更多地对富人有利，因为金融服务固有的门槛和约束性对穷人并不友好，当金融服务获得机会望而不得时，拉大的差距会使贫困程度更深[80]。Matsuyama（2000）表示当金融发展位处初级阶段时，发展的不均衡时有发生，一旦当它步入较高阶段时情况就有所不同，这时"涓滴"作用奏效，富人发展得好，渗透带动相对贫穷群体，缩小了两者之间的悬殊。当然，发展到较高水平时，整个社会因为扩大的投资而激发更多的信贷需求，需求拉动价格导致利率上升，贫困的群体通过储蓄便能够获得更多的利息收益，化解贫困[81]。Chakraborty & Ray（2006）也验证了前述观点，由于道德风险的存在，资金需求者中只能有一部分人贷到资金，更多心想创业的穷人终不能获得贷款成为企业家，当经济发展达到较高的水平时，更多占比的穷人，特别是具有企业家资质的穷人，得到贷款创办企业的机会，生产生活状况得以改善，无形中缩小与富人的差距，也会降低整个社会的贫困率[82]。Jia et al.（2010）认为农村金融市场不完善，惠农贷款常集中于少数乡村精英手中，更广泛的贫困群体得不到实惠，支持减贫效果并不理想[83]。这些结论验证了Greenwood & Jovanovic 的观点，即金融发展的周期水平与收入分配的关系：金融发展初期，金融资源倾向于支持富人，贫富差距拉大；金融发展至一定阶段后，金融获得机会开始更多面向贫困群体，贫富差距缩小，减贫目标得以保证[78]。

彭建刚和李关政（2006）对城乡分阶层进行分组分析，得出正规金融机构在金融发展中的综合地位越高，且作用越大时，城乡差距反而越大，无益于减贫。因此应该鼓励引导非正规金融机构发展，培育市场竞争力，活跃市场功能，发展到一定程度时是有益于改善收入的[84]。陈银娥和师文明（2010）分别就正规金融、非正规金融化解贫困的问题展开分析，结果表明金融发展与贫困减缓呈现非线性关系，更好发挥正规金融功能作用，对绝对贫困的作用效果更明显[85]。师荣蓉等（2013）给出了金融减贫的门槛特征，贫困地区人均收入远低于某一端值或远高于另一端值时，金融发展支持减贫作用不显著，只有介于两端值之间时支持作用才变得显著[86]。傅鹏和张鹏（2016）甄选出不同地区以及不同时间段的金融发展和贫困数据展开实证分析，同样验证了金融减贫的门槛特征是非线性的，但是两位学者补充说明了地区差异性背景下政府在金融减贫中的表现，认为我国东、西部地区政府难放手，干预过多反生不利影响[87]。金浩和李瑞晶（2017）研究了金融生态建设增强与减贫的关系，发现政策性金融发展的减贫效应受门槛限制，跨过门槛后向下减弱，商业金融的减贫效应则呈现出线性增强状态[88]。刘芳和刘明（2017）发现金融发展的减贫效应存在阶段性、周期性特征，不同阶段支持减贫作用不同，长期总体来看金融发展促进减贫，但短期内金融发展不利于减贫，同时两位学者还发现金融发展与减贫的关系存在较强的空间异质性[89]。随后，金浩和李瑞晶（2018）的进一步研究发现贫困地区综合贫困程度受地区金融生态环境的影响，金融生态建设步入良好阶段时金融生态主体就完备，这对降低综合贫困程度是有益的[90]。师荣蓉（2020）基于多维贫困视角，研究改革开放40年西部地区金融减贫的门槛特征，发现贫困减缓的门槛效应显著，人均收入水平成为作用发挥的一种限制，贫困地区的贫困主体的收入只有跨过门限，金融发展才能对减贫起支持作用，否则贫困状况将循环往复[91]。

2.2.4 贫困减缓反效应

相关文献中也存在学者们通过研究得出贫困减缓反效应的结论。部分学者从金融发展自身特征和收入分配差距等方面探讨减贫作用，角度出发点不同，悖于前述的观点，认为金融发展不利于减贫。Aghion & Bolton（1997）认为不完善的资本市场，获取信贷的门槛较高，穷人没有足够的资本或适合的抵押物让自己轻松获得贷款，同时面向弱势群体的小额信贷，某一个角度讲其利息一般比较高，相对的信贷获取成本就会增加，因此穷人信贷"无门"，金融天生的逐利性使得金融越发展，越不利于穷人，所造成的负面影响，更不利于减贫[79]。Arestis & Caner（2004）从金融自由化的角度，分析了欠发达国家穷人受制于诸多因素，获得金融服务，特别是资金信贷的难度更大，资金并不一定是按需投放，转投非效率部门的可能性很大，使整个社会的资源配置并未处于最优的状态，导致相对贫困主体的收入减少，加剧贫困[92]。Jeanneney & Kpodar（2005）从稳定性方面考虑，表明金融系统存在的非平稳性引发投资收益率的波动性，进而影响着经济增长的稳定与否，所存在的不稳定性对穷人的危害更甚，所以对贫困的减缓也产生了消极影响[42]。Jeanneney & Kpodar（2005，2008）分两个时段，收集了75个国家的金融、经济发展数据，构建了金融发展、金融波动和通货膨胀率的模型，所得的结果是当以 M3/GDP 为金融发展指标时，在贫困减缓的过程中金融起到了正向促进作用，而以信贷/GDP 为指标时，发现金融发展在减贫过程中作用并不显著，进一步他们还对经济学中的"涓滴效应"进行验证，结论是资源的高效利用、金融的高速发展对贫困的减缓起到了助力作用，但是由于经济环境的不稳定，金融的波动会带来对低收入人群的危害，损伤其利益[42]、[43]。Fowowe & Abidoye（2011）将非洲部分国家作为研究区域，检验了金融发展与贫困、收入分配之间的关系，并选取私人信贷作为考量指标，结果表明贫困程度降低的过程中，金融贡献力量几乎可略去，反倒是通货膨胀率等宏观变量的改善更利于抑制贫困发生[93]。

许崇正和高希武（2005）验证出正规金融机构的农村信贷投放规模虽逐年扩大，但瞄准不精准，无法有效满足贫困主体的资金需求，因此农村金融发展正向促进收入改善的效果不佳[94]。杨俊等（2008）采用 VAR 模型在不同区域层级上分析农村金融减贫状况，发现金融支持效应在农村最不明显，金融支持效应在城镇起先不佳后得改善，金融支持效应在全国范围内存在周期长短差异，金融支持效应短期显著有效而长期并不明显[95]。周一鹿等（2010）也就周期的维度研究了农村居民收入如何受金融资源影响，发现两者关系也呈现周期不同，金融资源改善收入的效应短期内不具显著性，长期上讲不是改善更是恶化[96]。余新平等（2010）分别利用农村存款、乡镇企业贷款等指标证实了不合理的农村信贷供给可能会带来减贫反向效应，指标中农业贷款改善收入的效果具有时滞，乡镇企业贷款改善收入的效果微乎其微[97]。张敬石和郭沛（2011）得出相似的悖论，伴随金融规模扩大，收入分配差距不降反增，只能借助金融发展效率提升作用影响[98]。伍艳（2013）基于地区分布研究金融作用于贫困减缓是否存在地区差异进行研究，她认为各地区资源禀赋本就不同，金融支持作用从高到低排列首先是东部地区，其次是西部地区，然后才是中部地区[99]。吕勇斌（2014）借助省级面板数据展开研究，认为金融发展中金融规模扩大可以显著改善贫困，金融效率提升却会加剧贫困[100]。刘芳和刘明（2015）运用动态面板模型研究得出金融发展规模和效率支持减贫效应呈非线性关系，即金融发展改善贫困一定阶段内是反向作用的，相较金融效率，金融规模的影响无论表现为减缓贫困还是加剧贫困，在作用程度上都会更深[101]，背后深层次的原因值得关注与深思。苏静和胡宗义（2015）的研究一定程度上也反映出了贫困减缓反效应，认为对于多维度量的贫困，金融发展并不能起到良好效果，金融支持作用仅限于改善收入型贫困[102]，这个结果需要正视。张贺和白钦先（2018）围绕数字普惠金融谈贫困减缓反效应，发现不同地区的数字普惠金融发展水平提高都有利于缩小城乡收入差距，但是金融效率指标在欠发达地区表现出相悖性，效率的提升对贫困改善无益[103]。

归纳来讲，研究者们在理论上赞成金融对经济、收入、贫困减缓存在促进作用的仍居多数，部分研究学者也是认同金融的作用影响是存在门槛的，跨越门槛后金融发展终还是利于减贫的，只是作用程度上存在差异。当然部分实证分析结果出现无效或反效的情况，这和分析者实证处理方式密切相关，存在分歧也是自然的。总体上金融发展有益于实现减贫的观点，还是被广泛接纳的。

2.3 金融支持减贫的方式

掌握金融支持减贫四方面效应的基础上，进一步需厘清金融支持实现贫困减缓的具体方式，按照现有的学者涉及研究领域细分，大略能够归结为三类：金融发展能够通过促进经济增长来影响贫困程度；金融发展能够通过缩小收入差距来影响贫困程度；金融发展能够提高相对贫困人群直接金融服务的可得性影响贫困程度。

首先，金融发展能够通过促进经济增长来影响贫困程度。早期的 Ahluwalia et al.（1979）、Fields（1980）选用跨国数据，验证了经济增长能够减少贫困[104]、[105]，其中金融支持贫困减缓的结果是由整体经济增长共同驱动的结果，贫困人口伴随经济增长而受益（Dollar & Kraay，2002）[61]，无论从长期来看还是从短期来看，金融发展和经济提升都能够对贫困减缓产生积极影响（Sehrawat & Giri，2016）[63]。Ruch & Geyer（2018）研究了资本和经济增长提高减贫成效情况，Nanda & Kaur（2016）研究了普惠金融发展与经济发展目标相适宜的情况，这些学者均发现金融发展可以显著促进地区经济增长，进而促进减贫[65]、[106]。我国学者武丽娟和徐璋勇（2018）研究发现金融发展既促进了经济增长，同时也间接发挥出减贫效应[68]；在减贫过程中，经济增长成为良好的中介桥梁（朱一鸣和王伟，2017）[107]。金融发展与经济增长之间是彼此互为促进的，金融发展激发经济增长这一中介作用，可以最终达到减贫的目标，特别是在我国，农村金融发展通过经济增长路径间接改善农村贫困问题的作用更为显著（刘炯等，2020）[69]。然而，也有部分学者提出金融发展通过经济增长路径消除相对贫困的作用是有限的，Rashid & Intartaglia（2017）专门探究了金融发展能否能够通过相关资金方机构质量和地区生产总值（GDP）的增加影响地区的贫困程度，结果发现地区金融发展能够带来经济增长，但就贫困问题而言，仅对消除绝对贫困有重要影响[64]。也有学者指出金融发展通过促进经济增长间接作用于贫困减缓是存在地区差异的，我国中西部地区，金融发展对经济增长表现为促进作用，但在东部地区则产生了抑制效应（杜强和潘怡，2016）[108]，因而在中西部地区金融发展仅对减贫作用显著，对经济增长作用并不显著（武丽娟和徐璋勇，2018）[68]。无论怎样，学者们还是认可发展金融支持减贫这一方式的，认为金融是促进经济增长的重要力量，通过经济增长这一中介作用，间接带动减贫，金融发展不单单促进了经济发展、经济稳定等宏观目标的顺利实现，也能提升贫困群体福利（Naceur et al.，2016）[109]。

其次，金融发展能够通过缩小收入差距来影响贫困程度。Jalilian & Kirkpatrick（2002）对多个国家的经济、贫困状况以及金融发展数据展开研究，发现金融发展对贫困群体收入的增加具有积极影响[40]，Burgess & Pande（2005）进一步通过实证结果加强验证了金融发展有效提升收入，对贫困发生率下降的正向关联关系[110]。金融可持续发展可有效弥补收入分配不平衡问题，进而改善贫困问题（Akhter & Daly，2009）[111]，这一观点在发达国家和欠发达国家都是可以找到依据的，Beck et al.（2006）以金融体系较发达的国家为研究样本[112]，Jeanneney & Kpodar（2008）以多个欠发达国家为研究样本，均证实了金融发展能够减缓不平衡性，缩小既定存在的贫富差距，这是因为金融发展有效地将交易成本降低，从而改善了贫困群体的收入，减缓了贫困[43]。Honohan（2004）也强调了金融发展能够减少贫困地区收入分配差距，从而起到贫困减缓作用[62]。当然，由于信贷约束的存在（Gregorio & Kim，2000）[80]，金融市场竞争力不足等问题，金融服务某些程度上可能会更倾向于富人（Ranja & Zingales，1998）[53]，即认为当金融发展还处于不完善的金融市场阶段时，金融发展对穷人和富人是不能做到兼顾的，导致金融支持穷人收入改善的效果并不理想，贫困减缓状况不佳（Jia et al.，2010）[83]。金融发展处于较完善的金融市场阶段时，金融服务的机会自然会向穷人倾斜，此时收入差距缩小，贫困状况会相应得到改善（Greenwood & Jovanovic，1990）[78]，并且这种改善效果对穷人来说更加显著（Beck et al.，2004）[41]。金融通过改善贫困弱势群体的收入，降低贫困发展率的观点得到了多位学者的肯定，信贷覆盖面的增加（Sehrawat & Giri，2015）[113]、金融服务范围的有效扩大（Turegano & Garcia-Herrero，2015）[114]等都有利于平衡城乡差距，改善收入困境，减缓贫困（Kovtun et al.，2014）[115]。我国学者胡宗义等（2012）也认为金融发展能缩小农民收入差距，有效调整的收入分配是益于降低贫困率的[77]，随后陈华和孙忠琦（2017）选用我国20年省际面板数据[116]，闫啸和牛荣（2017）选用我国西部典型地区1771户农户金融调研数据[117]，分别验证了这一观点。

再次，金融发展能够提高相对贫困人群直接金融服务的可得性影响贫困程度。Beck et al.，（2007）认为伴随金融市场的逐步完善，穷人获得金融服务的可得性会增加，有效的信贷支持会降低贫困程度[118]。Imai et al，（2010）发现金融发展能够满足相对贫困群体对资金的需求[51]，地区的信贷供给水平影响着各部门金融服务的可得性，通过资金投向的调整一定程度上能正向缓解贫困状况，尤其是经济发展相对落后的国家或地区，扩大信贷规模能减少贫困发生率和改善社会福利（Kollanthara et al.，2016）[50]，将信贷规模视为金融发展的衡量指标，信贷规模越大减贫效果越好（Jarábková et al.，2016）[49]。贫困群体直接金融服务的可得性增加主要体现在信贷获得和储蓄积累上，在信贷获得方面，丁志国等（2011）研究发现信贷资金的可获性直接制约着减贫，特别是在我国农村，金融可获性越强就越有利于减缓贫困[119]。邵汉华和王凯月（2017）通过实证分析研究也得出了相同的结论，赞同金融信贷可获性的增加实现贫困减缓的观点[120]。卢盼盼和张长全（2017）基于普惠金融的视角进行研究，同样发现普惠金融发展使贫困群体的信贷获得实现了改善，而不断提高的金融支持可获得性能发挥出显著的减贫效应[121]。吴本健等（2022）基于数字普惠金融的角度展开研究，发现完善数字普惠金融体系能够为贫困弱势群体提供更多的金融产品和信贷服务，从而有效地降低收入不均衡度，减少贫困主体的主观相对剥夺感，有助于改善相对贫困程度[122]。在储蓄积累方面，Jeanneney & Kpodar（2008）认为储蓄是累积资金的有效途径，贫困群体增加的储蓄是金融可得性提高的表现，储蓄不单单带来资金积累和利息收益的相应增加，同时也成为贫困群体抗风险能力提升的基础[43]。对于贫困群体而言，闲余资金多会用于不定期的储蓄，而不是去创办企业或进行金融投资（Sondra & Beverly，1999）[123]，那么更通常的情况下，储蓄是优于贷款的金融工具（Robinson，2014）[124]，即对于减贫效果来说，储蓄的积累更直接。总体看，金融发展可以实现信贷的增加和储蓄的积累，直接金融服务的可得性提升弱化了贫困群体收入不均等问题，金融发展对相对低收人群更有利，支持减贫的效果更理想（苏基溶和廖进中，2009）[73]。

2.4　金融发展与乡村振兴

关于金融发展与乡村振兴方面的研究主要集中于国内。脱贫攻坚过渡衔接全面乡村振兴，是向我国第二个"百年目标"挺进的重要板块，也是实现农业农村现代化的战略要务。唐任伍和李楚翘（2020）认为脱贫攻坚成果巩固，有效接续全面乡村振兴，落脚点要在努力缩小区域发展不平衡、补齐民生短板上，让人民群众更有安全感、获得感、参与感和幸福感[125]。目前，"三农"工作的重心发生了历史性、阶段性转变，在过渡递进的重要节点上，必须明确脱贫攻坚与乡村振兴两者并非单纯递进，一定是相互赋能、相融共促的（李云才，2021）[126]。在过渡时期，外在帮扶要多向农村倾斜且要重点支持内生发展，尝试建立高质量的多元支持减贫的标准体系，政府作为其中"一元"，凸显的是"保底性与靶向性"（黄征学等，2019）[127]。因此政府要发挥导向作用，要在信贷、保险等金融供给方面多做政策研究，夯实乡村产业振兴金融扶持的政策基础（卿定文和何爱爱，2018）[128]。要摒弃"抓扶贫就是给资金""抓乡村振兴就是搞示范点"等做法，把功夫下在提高金融等资源的配置效率上，以"'内育'＋'外引'"实现产业扶贫同产业振兴衔接（尹业兴和贾晋，2021）[129]、[2]。

更好实现全面乡村振兴，离不开金融的稳定支持，多数学者认为金融发展是推进乡村振兴不可或缺的要件之一。范应胜（2018）认为乡村振兴战略的实施有助于供给侧结构性改革深化，有益于妥善处理乡村发展不充分、城乡发展不平衡问题，进一步，乡村实现全面振兴需要金融发挥作用，因此良性的金融供给，成为促进乡村经济振兴有效路径，金融发挥稳定支持作用，能为战略顺利实施保驾护航[130]。张翼（2018）指出了乡村振兴中金融不能很好发挥支持作用的问题所在，借鉴东亚地区的成功经验，在金融需求、金融供给和金融监管三个维度上提出了具体的改善措施[131]。冯兴元等（2018）了解到在我国"三农"发展过程中，农村正规金融并没有发挥出所期望的作用，广借经验以改促进是提升金融支持乡村振兴的必要选择[132]。蔡兴等（2019）验证了金融支持乡村振兴具有门槛效应，跨过门槛农村居民可支配收入向好发展时，金融正向支持乡村振兴的作用效果明显，且支持作用逐渐加强[133]。

乡村振兴战略的实施赋予了金融更多的发展良机，振兴过程中的多方面建设需要金融支持，更多合理的金融诉求需要通过金融发展来满足，这从另一个角度说明了金融发展对实现乡村振兴的重要性。因此，全面乡村振兴过程中，金融服务的创新性探索可以合理化农业供给侧结构，可以有效缓解农业发展高成本问题，通过创新加大对农村危房改造、基建工作完善、绿色产业项目开发等农村各方面建设的金融支持力度，是乡村振兴战略得以顺利进行的保障（杜志雄和惠超，2018）[134]。可以说，乡村振兴离不开稳定的金融支持，金融发展在支持乡村全面振兴过程中，既存在机遇又充满挑战。乡村要振兴必然要大力建设完善农村基础设施及配套，必然要加快推进振兴乡村的相关工程项目，但金融介入的同时也会面临着未知领域探索的新挑战（韩国强，2018）[135]。

鲁钊阳和杜雨潼（2023）选择了固定效应模型和中介效应模型实证检验了我国 31 个省份金融发展对乡村振兴的影响（2011—2020 年），研究发现金融发展能有效实现乡村振兴，激发企业在研发上的创新，扩大就业创业机会，实现收入提升是金融发展推动乡村振兴的微观机制；推动贫困地区金融快速发展，平衡地区城乡居民间的收入水平是金融发展促进乡村振兴的宏观机制，因此着力推进金融发展并畅通金融赋能乡村振兴的路径，是有效衔接全面乡村振兴的良选[136]，可以通过三个方面畅通金融赋能乡村振兴的路径：一是注重数字乡村建设的赋能作用；二是充分发挥政府支持与金融发展的中介作用；三是探索区域差异化发展道路（王中伟和焦义义，2023）[137]。张元（2023）结合理论阐述了金融发展与乡村振兴的内在关联，分析了我国目前金融服务于乡村振兴的现状，明确了实现乡村振兴过程中金融支持的职能定位和重点领域，最终给出了金融服务乡村振兴的创新模式[138]。事实上，金融对实现全面乡村振兴发挥稳定支持作用是有其相应机制的，金融支持发挥作用服务乡村振兴有明确的中介传导路径，金融支持经济增长、城镇化和旅游产业发展等都会对全面乡村振兴战略实施有明显益处，金融支持借助这些中介路径可对乡村振兴发挥正向积极影响。

2.5 文献述评

在传统金融发展理论、金融发展功能视域观以及多元化创新金融发展理论层层递进归纳的基础上，本研究又重点梳理了关于金融发展支持减贫效应的相关文献，多数学者基本可以达成共鸣的是认可金融发展的确对贫困减缓存在影响，影响结果具体归集为直接效应、间接效应、门槛效应和支持减贫的反效应几个方面。进一步梳理发现，国内外文献集中分析间接效应时主要借助了两大路径展开，即经济增长中介路径与收入分配中介路径，同时国内外学者也认可金融支持贫困减缓具有门槛效应，且门限特征在不同地域上表现不同。就金融支持减贫影响方式的相关文献来看，金融发展能够通过促进经济增长、缩小收入差距以及提高相对贫困人群直接金融服务的可得性来影响贫困程度。就金融发展与乡村振兴的相关文献来看，多数学者认可乡村要振兴离不开稳定的金融支持，但金融服务乡村振兴的机遇与挑战并存。

国内外研究是留有争议空间的，主要归纳为以下几个方面：

首先，关于金融发展减贫效应的表现形式未形成统一的定论。随着金融扶贫的深入推进，金融发展的减贫效应有待深入研究。目前学术界的分歧焦点在于，金融支持贫困减缓呈线性特征，还是非线性特征，抑或者是复合性特征暂尚无定论。学者们研究的结果有所分歧，其原因可能是多方面的，如方法的运用、模型的构建、指标的度量以及数据的构成存在差异，结论定然有所出入。

其次，单就国外现有研究来看，因为国情不同，结论并不贴合我国，特别是不能贴合西部少数民族地区实际情况，所以很难从国外研究中获得切实可行的分析支持。同时国外研究不谈及乡村振兴，梳理时发现关于金融发展支持乡村振兴领域涉及极少，缺乏相应的理论和实证研究，导致文献积累与学习受限。在乡村振兴视阈下探讨问题时，过多选择国外研究是不妥的。此外，现有文献中学者们应用的某些研究方法的适宜性同样值得商榷，有些传统的计量方法规避了中国特定地区的发展实际，实证参考存在局限。

再者，通过对国内学者的研究成果的梳理，发现已有实证分析文献多是以国家级、省级的企业、家庭或农户个体为研究对象，而针对某个既定省份辖内州际数据展开实证研究的文献较少，涉及少数民族地区及辖内各地区展开分析研究的更是寥寥。文献中研究金融减贫效应时，同时兼顾金融发展和"经济—社会—生态"等多个维度联动，分析其对减贫支持效果的研究仍是少数。在全面推进乡村振兴战略背景下，将乡村振兴五大内容分解归并为经济、社会、生态三方面，去探讨金融支持减贫、"金融—经济—社会—生态"四者耦合协调的问题，更是没有引起学者的广泛注意，进一步具体落脚到特定少数民族地区及辖内州（地、市）层面，基于以上逻辑关联层级递进展开分析，并给出具化发展措施的更是鲜见。

金融是一个国家或地区经济发展的重要力量，金融发展与经济增长、社会发展和生态建设多方之间是相辅相成、共生共荣的。金融发展可实现资本要素合理配置，终归是有助于促进经济、社会和生态均衡发展的，现有的相关研究成为本研究文献参考的依据。在有效衔接全面乡村振兴的背景下，创新推动金融发展，效率资本要素配置，促进多维因素良性协调发展，最终更好实现青海农牧区贫困减缓是本研究的着力点。基于国内外相关文献的不足，结合国内外现有研究成果和研究方法，本研究另辟蹊径围绕青海农牧区金融支持减贫效应这一重点，力求在研究领域和研究方法进行突破，随即展开以下具体工作：

第一，将研究对象落脚于青海农牧区，选用地区州际面板数据展开分析，这是金融发展支持减贫现有相关文献中所没有的，是该领域研究中创新性的一次理论和实践结合的探索。

第二，本研究针对青海农牧区发展的客观实际展开研究，首次对本地区金融支持贫困减缓的作用机理、作用影响进行诊断分析，以期真实反映出地区金融支持减贫的效应。

第三，本研究具体研究金融减贫效应时，对现有文献进行延续拓展，兼顾金融发展和经济增长、社会进步、生态文明多个维度的联动，全面展示金融支持减贫的直、间接效应及门槛效应。

第四，本研究在乡村振兴视阈下，将乡村振兴五大内容分解并归为经济、社会、生态三方面，纳入金融要素，对"金融—经济—社会—生态"的耦合协调关系进行细化并量化，更直观判别金融如何更有效支持减贫、支持地区发展振兴。

研究以期为巩固脱贫攻坚成果、金融有效支持长效扶贫、少数民族地区实现全面乡村振兴提供有益参考。

2.6　本章小结

本章对研究所涉及的相关文献进行整理并评述，主要是对已有经典文献和近期研究成果进行梳理、归纳和总结，相关工作主要围绕金融发展理论研究、金融支持减贫研究、金融发展与乡村振兴研究三个方面展开。

金融发展理论研究方面，通过经典文献的排布，清晰呈现出金融发展理论的历史脉络，即由传统金融理论（金融结构论，金融抑制论，金融深化论和金融约束论），到功能视域下的金融发展理论，再到现今发展兴盛起来的多元化金融发展创新理论。

金融支持减贫研究方面，涵盖了金融支持减贫效应和金融支持减贫影响方式两部分内容，其中金融发展减贫效应主要分为四类：直接效应、间接效应、门槛效应和贫困减缓反效应。金融支持减贫影响方式主要有三类：可以通过推动经济发展进而影响贫困水平；可以通过缩小收入分配差距来消除贫困状况；能够为低收入群体供应更多的金融服务直接作用于贫困减缓。

金融发展与乡村振兴方面，通过梳理国内外相关研究，发现国外学者在金融发展支持乡村振兴相关领域研究较少，缺乏相应的理论及实证研究支持。国内学者关于这方面的研究相较多些，且文献数量有逐渐增加之势。随着我国乡村振兴战略的逐步实施和全面乡村振兴的不断深入推进，近几年来该领域已然成为学者们研究的热点。

第3章　相关概念与理论框架

3.1　相关概念

3.1.1　贫困的定义

20世纪80年代，Amartya Sen首次明确了关于贫困的定义，他认为贫困是由于低收入无法满足基本生存条件而造成的困境。在20世纪90年代，他跟进对这一定义进行发展与拓宽，认为当一个人身处贫困状态时，其掌握资源禀赋不足，能够利用的脱贫机会小，进一步获取资源的能力差，同时主体心理需求无法被满足，可能存在幸福感、自尊感等方面的心理落差，相较之前定义，这在强调生存能力满足的同时更突出了获得感（肖立新，2011）[139]。对贫困的定义，欧共体关注的是资源限制①，一些群体被排除在所属地区最低生活水准限度之外，这更多地体现出贫困的相对性。奥本海默将贫困内涵扩展丰富至社会文化等精神领域，认为贫困更广泛地体现在社会角色的错位及情感的被剥夺。经济、社会、文化落后的生存状态映射出贫困，具体指个体或群体基本物质和服务的不充足，立足机会和手段的不充分（童星和林闽钢，1994）[140]。1997年的联合国《人类发展报告》给出"人文贫困"这一概念，"人文贫困"理解为当人们的基本寿命、身心健康、居住环境、知识获得和个人安全等方面达不到最低标准时，导致的选择面狭隘。

进入21世纪以后，世界银行把贫困界定为：贫困不光表现为日常低收入和低消费状态，还涵盖了社会、文化、教育、卫生等多领域，比如贫困者少享教育、营养堪忧、健康欠佳、发言权剥夺、情感缺失以及心理亚健康等方面。将贫困划分为三个层次，依次是生存需求、安全需求和能力需求，其中对食物、基本

———————————
① 注：资源限制这里指个人、家庭或其他类型群体手中的资源聚集程度不高。

健康、卫生医疗等条件的需要就属于生存需求；对其住所、工作、收入的需要就归类于安全需求；对教育、公众参与度以及社会认同感等方面的需求划类为能力需求，这一定义是从宏观发展的角度对贫困进行的深层次探讨（冯瑛，2010）[141]。对低收入者进行支援时，一般贫困线是参考标准，而这个标准是会根据每年国家发展的情况进行动态调整的。2020 年以前贫困线的划分源自 2011 年标准：人均纯收入不足 2300 元 / 年（根据每年物价指数等对标准实行动态调整）划类为贫困。2021 年进行贫困标准调整，贫困标准确定为 4000 元 / 年，约为 1.52 美元 / 天，略高于世界银行 1.25 美元 / 天的标准①。

本研究在国内外学者的研究基础上，结合我国贫困现状对贫困进行界定，贫困是居民个人或家庭，仅依靠当前自身能力难以发展、达到社会生活平均水平，随之引起的精神失落、权利及社会地位缺失、教育医疗待遇不平等等一系列经济社会综合问题。改善贫困群体现状需借助外力，比如政府或社会团体的帮助，贫困与否最直接的依据是国家统一的贫困线标准。

3.1.2　全面乡村振兴

党的十九大总结了过去农村扶贫发展经验和成果，并作出新时期"三农"发展的总体部署，新时期农村发展目标就是要实现农业农村的伟大复兴，这是我国在推进"三农"发展进程中的又一里程碑（孙宇鑫，2021）[142]。"十四五"时期，成功召开的党的二十大，把乡村振兴定义为是实现中国式现代化重要组成部分，是实现共同富裕的内在要求。推进建成中国式现代化，农业农村必须现代化，全面乡村振兴是有效路径，这是一项长期重任。综合相关文献与资料，本研究关于"全面乡村振兴"的理解可认为是在加快实现乡村振兴战略进程中，兼顾"全"与"面"。

所谓"全"，指的是乡村的振兴不能一蹴而就，一定是伴随中国式现代化建成的"全过程"。国家对推进实现全面乡村振兴做出了如下规划："2022 年乡村振兴的制度框架和政策体系初步健全；2035 年乡村振兴取得决定性进展，农业农村现

---

① 南坝网 . 扶贫年收入标准（中央扶贫每年收入多少）[EB/OL]. http：//www.nanba.com.cn/fpxd/36347.html. [2022−08−30].

代化基本实现；2050年乡村全面振兴，农业强、农村美、农民富全面实现"[①]。

所谓"面"，指的是乡村振兴涵盖了"农业强、农村美、农民富"目标实现的各方面、各环节，并归为五大方略[②]。产业兴旺是乡村振兴的重点，主要目标是产业推进农业农村现代化，实现"追求产量向质量的转变、粗放型向精细型经营的转变、不可持续向可持续发展的转变、低端供给向高端配给的转变"，"三次"产业融合发展，以新业态带动农业农村发展[③]。生态宜居是乡村振兴的关键，主要目标是把重视生态文明建设与人民美好生活需要内在联系起来，乡村逐渐形成"产业—保障—生态"三位一体的绿色发展模式（马华和马池春，2018）[143]。乡风文明是乡村振兴的灵魂，主要目标是传承和发扬优秀民俗、非物质遗产等传统文化，营造"良好家风、文明乡风、淳朴民风"，凸显农村精神文明建设内涵[④]。治理有效是乡村振兴的主心骨，主要目标是实现乡村治理在综合维度上的有效整合，活用存量，激励增量，实现乡村振兴有章可循、共治共享[⑤]。生活富裕是乡村振兴的落脚点，主要目标是对农村农民的进一步改善，多元化解决好农民的"钱袋子"问题，进而改善乡村生产生活质量，维系社会相对公平度，消除不平衡差距，增强社会幸福感。

在二十大报告中，习近平总书记进一步强调"要扎实推动五大振兴，全面推进乡村振兴"[⑥]。首先，乡村振兴战略是党和国家制定的历史要务。乡村振兴是立足于党、立足于国、立足于民的一项重大事业，是齐发展、共同富裕目标实现的有效路径，也是顺利实现第二个"百年"奋斗目标的必然选择。全面领会二十大精神，

---

① 新华网. 谱写新时代乡村全面振兴新篇章——2017年中央农村工作会议传递六大新信号 [EB/OL]. http：//www.xinhuanet.com/politics/2017-12/30/c_1122188285.htm. [2017-12-30].

② 中国共产党新闻网."农业强农村美农民富"——吉林省推进农业农村高质量发展综述 [EB/OL]. http：//cpc.people.com.cn/n1/2023/0129/c448645-32613427.html. [2023-01-29].

③ 中国社会科学网. 乡村振兴战略的实施要点 [EB/OL]. http：//www.cssn.cn/zkzg/zkzg_skyskl/zkzg_skyskl_yc/202207/t20220727_5421252.shtml. [2022-11-06].

④ 人民网. 人民日报大家谈：涵养文明乡风良好家风淳朴民风 [EB/OL]. http：//opinion.people.com.cn/n1/2021/0125/c1003-32010091.html. [2021-01-25].

⑤ 人民论坛. 乡村振兴战略的逻辑体系及其时代意义 [EB/OL]. http：//www.rmlt.com.cn/2018/0126/509906.shtml?from=singlemessage. [2018-01-26].

⑥ 中华人民共和国中央人民政府. 高举中国特色社会主义现代化伟大旗帜为全面建设社会主义现代化国家而奋斗 [EB/OL]. http：//www.gov.cn/xinwen/2022-10/25/content_5721685.htm. [2022-10-25].

坚持问题导向乡村全面振兴，要定方向、明职责、想思路、找对策，努力实现"五个维度"的全面振兴[①]。其次，乡村振兴战略是人民走向共同富裕的必由之道。"乡村振兴"与"共同富裕"既辩证又统一，前者是后者的现实选择，后者为前者明目标、定方向[②]。虽然近些年国家在乡村建设上投入了大量资金，乡村基础设施建设得到很大改善，但是我们还是要清醒面对乡村、城市间的巨大差距问题，"农业强不强、农村美不美、农民富不富"关乎农民民生福祉，关乎中华民族的伟大复兴，关乎社会主义现代化建设的整盘大局[③]。乡村不振兴，就没有农业农村现代化，就会拖延整个国家现代化进程。最后，乡村振兴战略是国家统筹推进各项农村工作的有力抓手。面对与处理"三农"工作中的诸多问题，离不开实施乡村振兴战略。随着城市化、工业化进程加速，农村发展不充分、城乡发展不协调的矛盾愈加尖锐，聚焦还是落在"三农"问题上。厘清我国新时代"三农"问题，正确处理好城乡发展不协调问题，"老""新"城乡失衡过渡问题，没有舶来经验，乡村振兴是当下最正确的抉择，这是实现农业农村发展稳步提升的亘古未有的伟大创举。

3.1.3　金融发展

最早的较为完整的金融发展概念界定出自《金融结构与金融发展》一书。书中总结出三个角度分别对金融发展一词做了界定：其一，金融发展的本质是增强相关服务业务与软件功能，这体现的是"质"的变化；其二，金融发展有所积累是因为金融系统中的产品和服务在不断丰富，这体现的是"量"的变化；其三，金融发展支持宏观目标实现是离不开金融体系不断优化、金融功能不断增强的，这体现的是整体变化（Goldsmith，1969）[4]。但这个概念在中国新时代背景下，不能完全套用。金融发展可以诠释为伴随金融交易规模适速扩张，金融产业高级化改造，金融持续实现高"质"的发展。金融结构完善是金融发展的趋势，金融工

① 中华人民共和国农业农村部.关于全面推进乡村振兴加快农业农村现代化的意见[EB/OL]. http://www.moa.gov.cn/ztzl/2023yhwj/yhwjhg_29330/202102/t20210221_6389294.htm. [2021-02-21].

② 绍兴网.五个维度看乡村振兴与共同富裕的辩证关系[EB/OL]. http://epaper.sxnews.cn/sxrb/html/2021-09/16/content_11859_5036379.html. [2021-09-16].

③ 新华网.中共中央国务院印发《乡村振兴战略规划（2018-2022年）》[EB/OL]. http://www.xinhuanet.com/politics/2018-09/26/c_1123487123.htm. [2018-09-26].

具升级是金融发展的本质，推动经济增长是金融发展的最终诉求。

本研究综合借鉴了前人研究并结合当前实际，给出金融发展的界定，金融发展实质上是一个整体自我动态优化的过程，包括金融发展规模的适速扩张，金融产业高级化过渡，金融结构的协调完善，金融效率的质的转变。考虑到青海农牧区金融发展的现实现状，正规金融机构在地区金融主体中处主导地位，因此本研究所指的金融机构特指银保监会和人民银行监管下的银行业。研究中，金融发展基于两方面考量：其一是发展的效率，表示为金融机构年末贷款余额／存款余额，这能直接反映出地区投资转换率，同时还能反映出金融发展对经济、社会、生态的贡献度；其二是发展的规模，表示为金融机构存款余额／GDP，这能直接反映出地区金融机构的规模实力，同时还能反映出金融需求者参与金融活动的活跃度。

3.1.4 减贫效应

效应是指在特定限制条件下，因素与因素间的因果联系，常用于解释自然现象或社会现象中因素的变化逻辑关系。关于减贫效应，学者们各有理解，并未作出统一的界定。现有的研究成果中，"减贫""扶贫""脱贫"和"反贫困"内涵上重叠相近，均表示对贫困者贫困状态的缓解和改善，可归纳总结为几点：一是贫困减少，这种含义是贫困数量规模的减少，即通过采取措施缩减贫困人口的绝对占比，缩小贫困广度；二是贫困减缓，这种含义是贫困程度的改善，即政策作用收入调节、福祉提升等弥补发展差距，降低贫困深度；三是贫困消除，这种含义是彻底解决贫困问题，即通过所采取的一系列扶贫、减贫措施完成最终目标，实现协调发展。

根据减贫效应的定义，结合已有减贫的文献，再考虑我国国情和青海省省情，本研究所研究的减贫效应是通过某一项或某几项事物（如：政策、措施、手段等）的变动达到"贫困减少"的目的，即贫困人口的绝对占比减小、青海农牧区贫困发生率降低。目标锁定到农业农村，金融支持减贫效应是研究金融发展的"良与劣"对农牧区减贫工作产生的影响和作用。因此，金融支持减贫效应主要是指以金融发展（即金融规模和效率的变化）为可行手段，资金引导系列帮扶措施倾斜支持青海农牧区，改善贫困（农）牧民的生产生活窘况。

3.2 理论框架

3.2.1 理论基础

从改革开放至今，中国特色社会主义的扶贫道路实战成果明显，截至 2020 年，我国 551 万农村贫困人口全部实现脱贫[①]。伴随农村金融改革的推进，农村金融服务"三农"的水平明显提高，但也要看到不同程度上存在的金融供需结构上的"错配"，制约着地区的发展。随着学者们对农村金融发展问题研究的深入以及贫困减缓理论在农村地区的实践应用，消除农村贫困逐渐成为农村金融发展理论研究的中心主旨（胡卫东，2011）[144]。本研究所展开的金融支持贫困减缓的相关研究基于以下理论：

3.2.1.1 农村金融发展理论

农村金融理论发展经历了从"农业信贷补贴论"到"农村金融市场论"，再到"不完全竞争市场理论"的演变。最初的"农业信贷补贴论"认为贫困人群发展最核心的问题是慢性资金不充足的问题，大量注入的政策性资金，可以使农民低成本地缓解贫困问题。但实践中因为忽视了市场机制，资金使用效率一直欠佳。后来人们逐渐发现农村金融不合理的安排才是抑制"三农"发展的主要原因，那么发挥金融市场作用，激活农村商业性金融发展活力，才是平衡金融供需关系的关键，这体现了由"农村信贷补贴论"向"农村金融市场论"的转变。"农村金融市场论"强调发挥市场机制作用，调动农村商业性金融发展动力。同时要意识到农民信用评级普遍不高，缺少适当的抵押物，加之存在信息不对称，使得农村金融市场在一定程度上失效，此时非市场的要素介入，更有助于培育有效的农村金融市场。"不完全竞争理论"支持了政府的适当介入，明确了政府的政策导向作用。对于贫困消除来说，更重要的是构建可持续发展的良性金融支持机制，因此综合了"市场 + 政府"的"农村金融市场不完全竞争"理论成为立足青海农牧区研究金融发展支持减贫的理论支撑。

3.2.1.2 贫困减缓理论

首先，是"不平衡增长"下的贫困减缓理论。贫困地区与非贫困地区一定存

---

① 界面新闻. 国家统计局：551 万农村贫困人口全部实现脱贫 [EB/OL]. https://www.jiemian.com/article/5737836.html. [2023–05–18].

在发展的不平衡,针对发展中国家而言,不平衡增长理论主张有限资源的集中利用。在贫困地区资本要素属于稀缺的有限资源,所以可将有限资金优先注入关联度较高的产业或部门,一系列关联反应最终会带动贫困地区整体的发展,从而缓解贫困(Hirschman,1985)[145]。其次,是"临界最小努力"下的贫困减缓理论。该理论认为贫困地区破解"贫困恶性循环"、跳出"低水平均衡陷阱"的有效实现途径是资本形成,即以充足的投资率努力使地区整体收入增速高于人口增速,这样才能带来大于临界最小规模的增长刺激(Leibenstein,1957)[146],减缓地区贫困困境。两个理论均认可资本形成在地区发展以及贫困减缓中的重要作用,从而为本研究研究金融支持贫困减缓的效应提供了理论支持。

3.2.1.3 可持续发展理论

可持续发展理论不仅仅强调经济的可持续发展,还包括生态环境、政治治理、社会资源的可持续,以及在发展过程中的全面统筹协调,所以发展进程中,不仅仅要注重实现经济效益最大化,而且还要关注生态自然环境与整体发展之间的平衡。追求自然、社会、经济与人类相互和谐的发展局面,一方面必须首先满足贫困群体的基本生活标准要求,另一方面必须限制、平衡,避免对未来整体发展可能造成的危害。归根到底就是多维度视角下,各发展要素间的协调性问题。金融作为一个重要发展要素,是"经济—社会—生态"协调可持续的重要原动力和催化剂。提高贫困群体基础金融服务的可得性,确保公平的金融供给,合理化金融资源配置,在符合长效扶贫机制和注重"造血"功能培养(王春生,2013)[147]的前提下,有效地引导资金、技术、人才等关键要素更多支持产业"增绿",发展实现可循环和可持续(卢悦,2019)[148]。该理论为本研究研究金融与"经济—社会—生态"的协调性问题提供了理论支撑。

农村金融发展理论与贫困减缓理论在实践上的结合,说明发展相对滞后的地区,发展策略选择上应当考虑金融优先,贴合货币供给倾向引导其他金融相关政策的实施,可缩短政策满足发展需求的时滞。金融发展是因,经济增长是果(King & Levine,1993)[149],金融发展则通过提高资本效率来促进增长(何雄浪和杨盈盈,2017)[150]。而增长是表现在多个方面的,比如带动人均收入和消费水平提高,增加全社会固定资产总量，加快农村产业融合与发展，等等。因此金融发展作为目前重要的减贫手段之一，即可以直接作用于扶贫，也可以借助经济增长、社会发展和生态建设路径间接作用于贫困。同时基于金融发展需要与地区发展目标相协调的考虑，认为只有金融与"经济—社会—生态"和谐共进下，才能更好地稳定推进地区减贫工作，实现发展可持续。"农村金融发展理论""贫困减缓理论"和"可持续发展理论"成为本研究展开相关研究的理论基础，整体金融支持减贫的理论框架如图3.1所示。由理论框架图可以看出，导致地区贫困的因素多样，主要可以归纳为自然致因和社会致因两大方面。基于理论框架，我们进一步还需要说明贫困地区金融支持减贫的作用机理。

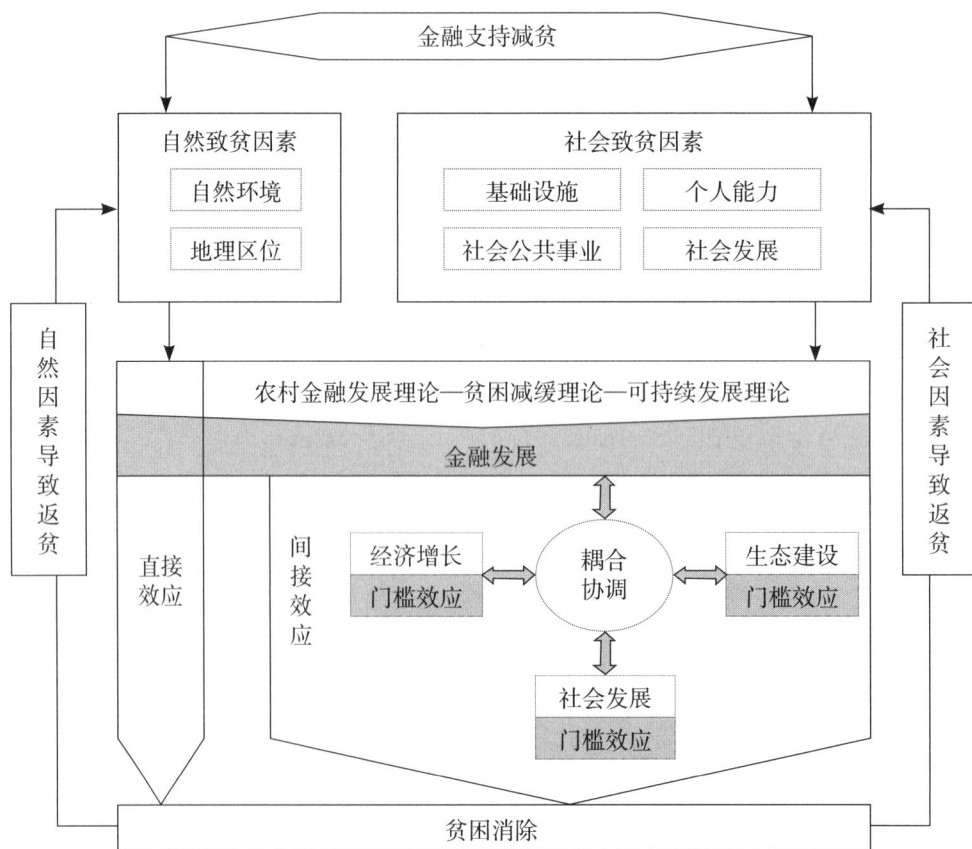

图3.1　金融支持减贫理论框架图

3.2.2　贫困地区的主要致贫因素

导致贫困发生的原因多种多样，所以想要从根本上摆脱贫困的困境，就需要摸清产生贫困的根源，研究影响因素，这样才能精准脱贫，对症下药。根据图3.1，主要致贫因素大致来自两大方面，即自然致贫因素和社会致贫因素。

3.2.2.1　客观自然因素

首先，是恶劣自然环境的影响。早在20世纪90年代，世界银行就提出了"空间贫困陷阱"理论。该理论认为产生贫困的原因与该地区所处的区位条件、地理位置以及生态环境密不可分。地理环境决定理论说明，地区自然因素和区位条件等会直接决定当地人民的生活生产，人文特征，民族气息，甚至是性格特点，从而决定该地区经济发展的程度。尽管环境不是决定经济发展的唯一条件，却很大程度上影响着一个地区的贫富状况。若一个地区的环境生态十分脆弱，其环境承载力也相对会低，低的承载力无法负荷，容易加剧自然灾害发生带来的威胁。另外，一般自然资源较为匮乏的地区，基础设施建设也相对较差，对经济发展形成制约。当贫困人口缺乏足够的资金来改善其生存条件而被生活压力所困的时候，就会当然地从当地土地或生态环境资源中谋求更多的经济产出，导致地区的土地资源和生态环境进一步的恶化。生态环境恶化又会进一步加剧经济的低产出，诱发系列恶性循环。先天不足，后天缺陷，贫困地区贫困群体多缺乏主动脱贫能力，返贫的现象时有发生。

其次，是较差地理条件的限制。在我国，贫穷地区主要集中分布在西北和西南地区，区域地理条件相对较差。贫困地区地貌结构特殊，区域内多山高坡陡、沟壑纵横、地形碎化，适宜一产发展的条件不佳，而贫困人口的主要经济来源却恰是种养殖业收入。较差的土壤质量无法大规模地种植农（经济）作物，有的地区更是"花盆经济"，农作物种植受限，养殖业农用配套设施无保障，养殖水平也不高，总体使得贫困人口的综合收入增长缓慢。贫困主体自身拥有的资源少，基本生活条件不充分，从事劳作的生产力低下，收入长久得不到改善与提升，形成财富累积本就困难重重，当外部环境发生重大变化，如遭遇疾病、意外、自然灾害等风险的冲击时，便会让他们陷入更深层次的贫困当中，扶贫、减贫工作难度极大。

3.2.2.2 社会综合因素

社会的不断进步，让贫困的致因更为复杂，学者们在研究过程中逐渐发现，不利的社会环境可能是促成贫困发生根源之一。Sen（1976）提出了著名的多维贫困理论，随后他将贫困的衡量范畴扩大，同时考虑了个体、环境、社会、受教育程度等诸多因素（Sen，2004）[151]、[152]。引发贫困的社会综合因素繁杂多样，可归纳为：

第一，不够完善的基础设施建设。地区交通、网络等基础设施的覆盖率会影响到该地区信息的传播效率以及区域间交流互动的频繁程度。由于贫困地区的基础设施建设相对落后，交通、能源、网络等与地区发展需要不尽匹配，加之自身较弱的风险抵御能力，极大制约了发展，产生贫困。交通作为基础设施的重要组成部分，直接影响地方经济发展，不同区域间商品、服务等要素之间的流动状况完全受限于交通状况，因此交通是一个地区能否致富的重要基础保障，其建设与完善是当地贫困人口脱离贫困状况的重要途径。然贫困地区往往存在交通互联不足的问题，整体上交通规模、网络结构非常不合理，与周边区域无法畅通联动，因此难以满足经济、产业、社会、科技发展需要，这应该成为地方政府扶贫重点解决的问题。

第二，相对落后的公共事业发展。贫困地区的社会公共事业建设基本还处于满足低层次基本需求阶段，高质差异化的公共服务和产品供给匮乏，社会整体保障贫困群体的水平偏低。从业相关人员的专业素养低且提升效果不理想，难以匹配贫困主体对社会公共服务的新诉求。相对低下的卫生医疗保障水平（岳公正等，2013）[153]和严重缺失的教育资源（王美艳，2006）[154]是地区关键致贫因素。就教育来看，发展薄弱的主要表现有：教育系统整体缺乏必要的支持经费，缺少乡村教师编制；施教者专业素质较低，知识体系陈旧，培训深造机会欠缺；教育应受者求学艰难，所需学习资源难以配备，等等。受其困扰，贫困地区劳动者素质起点低，综合能力难以提高，劳作者收入无法实现跨越式增长，脱贫能力弱。滞后发展的教育阻碍了贫困地区弱势群体的自我发展，并致使贫困代际传递。

第三，差异的个人能力因素。贫困人群不应该仅仅是政府扶贫工作推行及一系列配套措施施行的被动接受者，还应该是整个脱贫致富实现过程的主动参与者。在扶贫战略的实施过程当中，贫困群体要充分发挥主观能动作用，激发内在的脱贫潜能，提高自信心，积极响应、参与，成为真正的脱贫主干力。在国家现行主导的一系列政策中，中央政府和地方政府及各部门往往是脱贫工作的驱动主力和大量资金资的注入方，而对于整个国家来说，这种单纯"输血式"扶贫的模式，事实上显现出了一些的负面影响，比如自然存在的能力差异，让处于弱势的贫困群体在这种扶贫模式下，形成过度依赖。贫困群体"等、靠、要"观念固化，主观能动性不足，参与意识和主体意识欠缺，总想着靠政府拨款、扶持，向政府要钱、要物，花钱无规划，花完再伸手，困境得不到根治，恶性循环。

第四，不同阶段的制度因素。不同地区间、群体和个体间的资源分配在很大程度上由制度因素所决定。一个合理有效的制度政策，不仅能带来强有力的外在刺激，还能够为弱势群体和个人提供更多自由选择的空间。行之有效的政策会产生强大的约束力，同时在不同社会群体和个人之间构建起公平、公正的分配机制，缩减现实的不平衡差距，实现共同富裕。相对的，社会政策存在偏颇会导致不同群体或个体间的资源配置不均，复杂化贫困问题。目前，我国整体制度设计上留存了些许不合理：其一，"城乡二元结构"的户籍制度，加剧发展的不均衡（曾志红和曾福生，2013）[155]；其二，农村土地产权关系模糊，对农村土地合理利用产生不良影响；其三，农村教育落后于发展，不能为农村低素质劳动力提供素质增强支持，限制了农民的发展；其四，农村社会保障体系不健全，因缺乏足够保障，遭遇各种突发灾害的贫困者总会在贫困边缘徘徊，难以根本脱贫。制度的缺失、制度性的不公平，应当得到关注与解决。

3.2.3 金融支持减贫的作用机理

3.2.3.1 金融发展—经济增长—贫困减缓

"金融—经济"共生共荣的关系一直以来都是学术界的热门话题，自亚当·史密斯开始，金融媒介促进经济增长的作用（Adam，1776）[156]逐渐被认可，学者们相继在该领域展开相关研究。金融发展与经济增长关系密切，受到大部分学者的肯定。

金融发展促进经济增长。早期的学者们就金融对经济发展的驱动作用通过技术进步、工业发展等多个层面给予研究支持，典型的如 Adam（1776）[156]、

Schumpeter（1911）[157]。随后 Goldsmith（1969）、McKinnon（1973）和 Shaw（1973）等通过不断的研究对金融发展理论进行丰富与总结，得出金融发展能推动经济增长的重要结论[4-6]。自此以后，学术界就二者的关系，更是形成了大量的理论探讨与实证检验，支持了金融发展对经济增长具有积极助力作用的观点，甚至得出预测经济增长率变化趋势可借助当前的金融发展水平加以判断（King & Levine，1993；Levine & Zervos，1998；Rajan & Zingales，2003）[149]、[158]、[53]。我国很多学者也对金融发展与经济增长进行了研究，肯定了金融发展能推动经济增长的观点（谈儒勇，1999；姚耀军，2009）[159]、[160]，但可能并非是经济增长的主导因素（陆静，2012）[161]。

金融发展推动经济增长最著名的当属内生金融发展理论。内生增长理论表明金融发展与经济增长之间存在着内在联动机制，金融体系借助资源交换（协调"投资—储蓄"）来平衡经济活动，储蓄效应有效回笼闲散资金，投资效应促进投资转化，资源配置效应分散实体经济发展过程中面临的风险，提高资源利用效率，"三大效应"的共同作用下，"中间品"投入增加，实现了"技术进步型经济增长"（苏静，2017）[162]。金融内生增长的致因范畴较广，比如金融介入成本，信息共享程度，流动性偏好等，因此金融市场的内生形成是存在阀阈的，在经济发展水平低时，弱势群体因积累不足参与金融活动的可能性低，金融市场发展受限；只有当弱势群体收入水平或资金储备跨越某一个阀阈时，参与金融交易的人会增多，金融市场运行的边际成本随即下降，金融市场变得更为活跃（颜鹏飞和顾海良，2016）[163]。帕加诺模型、"储蓄—投资"转化模型等就是解释金融发展与经济增长之间内在关系的模型。在经济发展不同的阶段，金融发挥的作用有所不同，逐渐形成了政策主张的"金融约束"，例如突出政策导向作用，最大化金融支持。当然更多的因素被适当加入，也是对该理论的不断调整与丰富。

实体经济增长必然要求金融供给能够与新创造的金融需求相匹配，其结果一定是推动金融发展（Tsuru，2000）[164]。金融发展和经济增长可能呈追随关系，也可能呈先行关系：经济起步复苏期时，通过金融供给的调节引导经济增长，表现为供给领先型；经济快速繁荣时，更多金融需求被创造，经济引领金融发展，表现为需求追随型（Patrick，1966）[165]。学者 Jung（1986）通过对发达国家和发展中国家的真实情况进行实证分析[166]，结果支持了 Patrick 的观点。

当然"金融—经济"的关系可能是复杂的，不是"非黑即白"的简单问题。金融发展与经济增长彼此联系、高度相关，因为两者间关联复杂，可能现实中常表现出双向互为因果的特征，相对单一的指标并不能完全诠释出"金融—经济"背后的逻辑机理（史永东等，2003）[167]。总体上看，目前关于"金融—经济"作用机理的研究中，可以达成共识的是均认为金融发展对经济增长一定有着重要影响作用，把金融发展作为推动经济增长的一个要因素加以考量是正确的。内生经济增长理论的发展，更明确了金融影响经济增长的机理，更强调了金融发展对实体经济重要的支持性。

的确，金融对推动经济增长有助，但对贫困地区的减贫作用如何？同样值得关注。Ravallion & chen（1997）认为金融发展推动经济增长，可以提高贫困地区生活平均水平，从而实现贫困减缓[168]。Dollar & Kraay（2004）认为金融发展推动经济增长，结果是提升了贫困人口的整体收入[169]。金融发展、经济增长，创造更多的就业或其他经济（社会）机会，改善整体社会经济环境，所以持续性经济增长是贫困减缓的必要条件（Jeanneney & Kpodar, 2008）[42]。杜凤莲和孙婧芳（2009）认为金融发展、经济增长对抑制贫困发生具有积极作用，但也指出受收入分配周期影响，减贫作用存在差异[170]。周扬和童春阳（2019）持续追踪了过去30年变化，发现农村地区农业生产总值影响着地区的贫困发生率，有力证明了经济增长在贫困减缓中的作用[171]。

可以归纳，"金融发展—经济增长—贫困减缓"的作用机理主要体现在"渗漏效应"和"益贫式增长"两个方面：

一是"渗漏效应"。Todaro（1997）认为经济增长的收益即便不能直接、快速展现为贫困群体获益，整体财富也会以"涓滴"形式惠及穷人，即通过不同中介路径，最终惠益穷人，实现贫困缓解[172]。有效的"涓滴"形式主要为政府政策补偿，如借助失业救济、政府补贴等把经济增长蛋糕再分切，缓解发展中的贫困问题（崔艳娟，2018）[173]。但也有另一种可能就是，发展的差异一定程度上会弱化滴漏惠贫，这样再分蛋糕的方式对非经济型贫困的"涓滴"作用并不显著（Dreze & Sen，1990）[174]。实际上经济增长和收入分配是金融支持减贫过程中，"涓滴效应"有效发挥的两个重要中介传导，金融发展通过这两个中介传导有效地发挥其缓解贫困的作用。

二是"益贫性增长"。经济增长中穷人和富人获益情况不同（Fields，2002）[175]，但值得一提的是，在经济增长中，相较富人，穷人会获得更大的经济收益和社会福利（Kakwani & Pernia，2000）[176]，这是有现实意义的。Son（2004）利用贫困增长曲线，对经济增长及其益贫性进行识别，发现益贫性增长的有效识别度高达80%以上[177]。现实中益贫性增长有可能带来整体性的增长（Kraay，2006）[178]，以中国改革开放40多年变化为例，经济增长，中国步入发展快车道，同期我国的收入不平等问题也赫然存在，不过可喜的是，中国农村贫困人口却大幅度降低，这显然是益贫式的增长。我国的高增长模式带来了巨大的减贫成就，恰是益贫性增长发挥了作用，但同时也加剧了贫富差距（孙咏梅和秦蒙，2019）[179]，唯有通过调结构等多方式推进"益贫式经济增长"，变单纯数字增长为品质配套增长，才能从根本上消减贫困。

3.2.3.2 金融发展—社会进步—贫困减缓

我国农村金融风雨历程发展的几十年实践表明，金融机构的发展是能够改善农村经济条的，且有利于协助国家延续扶贫事业，并精准到位。农村金融机构是消除贫困最强有力的一支力量，在有效衔接乡村振兴的新阶段中，金融支持必将发挥重要的作用。2021年颁发的《关于金融支持巩固拓展脱贫攻坚成果全面推进乡村振兴的意见》文件中，就关于金融发展支持拓展脱贫攻坚成果和全面推进乡村振兴，提出了明确要求，给出了指导性意见，它是我国当下金融作用减贫最重要的政策文件支撑①。

"金融—社会—减贫"的作用机理可划分为两类，一是直接作用于贫困，即"金融发展—贫困减缓"。金融机构所拥有的资产规模不断扩大，所提供的服务质量不

---

① 中华人民共和国中央人民政府. 人民银行、银保监会、证监会、财政部、农业农村部、乡村振兴局联合发布《关于金融支持巩固拓展脱贫攻坚成果全面推进乡村振兴的意见》[EB/OL]. http：//www.gov.cn/xinwen/2021-07/01/content_5621872.htm. [2021-07-01].

断提升，带动创造的就（创）业机会越多，贫困改善就会越好。贫困群体一方面获得享受金融产品或服务的更多机会，一方面从更多的就（创）业岗位中获益，无论是来自金融服务的变现，还是金融支持从业的劳动所得，都能带来收入改善，降低贫困发生概率。二是间接作用于贫困，即"金融发展—社会进步—贫困减缓"。宏观上讲，有效金融服务可以借助适用的路径，推动整个国家或地区的各个层面的发展。其中社会进步是合适的路径，如金融支持教育、医疗、社会保障体系等，使贫困人口的货币性收入或者综合素质通过社会权益类收益的提高而得到改善。金融支持促进社会整体发展，反过来进一步促进金融的再发展，这两种力量相互作用，协调促进。"金融—社会"关系的良性化，再通过社会自身的"造血"功能间接缓解贫困。

2020前，脱贫攻坚胜利前的扶贫工作，金融发展对扶贫的支持作用主要体现在直接影响路径上，主要归纳为几点：

第一，提供储蓄服务。首先，储蓄服务是银行用户中贫困群体重点关注的一项功能服务，金融机构以利息收入、资金积累的方式，为贫困群体提供帮助。其次，金融机构通过储蓄使贫困人口随意支出行为得以约束，优化资金的流动性，实现对资金的合理规划。再次，储蓄是有效的资金来源。居民稳定的储蓄是金融机构贷款源头。通过贷款业务有效性的改善，调动闲置资金更多帮助贫困户或中小微企业融资，促进生产，提高营收。最后，阶段性储蓄计划可以帮助贫困人口防范潜在的风险。

第二，提供信贷服务。金融机构通过提供直接的金融信贷服务，帮助贫困弱势者发展生产，提高未来预期收入（益）。另外，信贷服务可以帮助其合理持有一些回报率较高的资产，借助风险管理一定程度上帮助金融资产持有者获得中、长期额外收入（益）。

第三，提供保险服务。金融服务中的保险服务，主要是给贫困弱势群体提供相对应的应急保障或风险保障。当贫困群体的风险增加或经营风险大幅度提高时，保险就可以发挥社会功效，为贫困群体转移或分散一部分风险。

2020年后，脱贫攻坚有效衔接全面乡村振兴阶段乃至更长期内，金融发展对于减贫的支持更多体现在间接路径上，即金融支持社会多维度发展发挥减贫效应，主要归纳为几点：

第一，通过精准来优惠信贷。金融机构已积累的资金要更精准地投放，提供更"惠"的信贷服务，从而帮助已脱贫人口稳定就业，提高贫困地区的就业率。在国家一系列政策的刺激下，金融机构发挥能动性，引导培育整个社会的生产经营主体，实现经营主体数量规模的扩大，保持效益增长和就业机会的双稳定。

第二，送去更多技能培训机会。服务农村的金融机构，应明确服务主体，做好支农服务，无论是主动链接还是中间搭桥，都要想办法直接或间接地给贫困人口输送培训机会。比如一些地区的金融机构主动请缨为贫困户考虑，帮助他们学习生产技能，真正做到了"送资金、送技能、防风险"的有机结合。

第三，完善社会保障体系及功能。金融发展不仅带动经济发展，也刺激提升了政府财政对贫困地区社会保障体系的援助力度，督促政府出台相关优惠合理的政策。积极引导金融机构及诸多社会资本一同构建完善社会保障体系，以金融发展推动社会公共卫生服务、医疗保障、教育公平等社会事业的发展，最终实现社会多维要素整体协调发展，是全民迈向和实现共同富裕伟大目标的有效途径。

金融支持作为一种社会资源，其有效供给和平等分配对贫困地区发展至关重要。"金融发展—社会进步—贫困减缓"的作用机理得到了不少学者的证明。李树生（2005）认为金融借助有偿借贷，社会保障借助无偿援助，逐步实现了"金融—社会保障"协调合作，这能满足贫困群体的发展需求[180]。宋焱（2006）发现发达规范的金融市场体系能够使社会保障基金实现增值，同时实现其降低投资风险的目标[181]。苏静等（2014）给出了多维贫困减缓中金融的作用：金融对医疗贫困减缓呈现反向影响；对收入贫困减缓始终表现为促进；对教育贫困减缓是先抑后促，但促进效应显著[182]。陆岷峰和高攀（2013）认为两者是互相融合、协调发展的，完善的社会保障制度有利于推动金融市场发展，稳定运行的金融市场又反过来促进社会保障制度进一步完善，因为金融机构的存在，使社保资基金的管理、保值增值、风险规避成为可能[183]。马鹏飞和吕喜臣（2015）认为加强金融管理，能助力社保统筹层次提升，改进金融服务，能带动社保服务创新[184]。张梦缘等（2017）

发现了非正规金融对收入贫困、教育贫困、医疗贫困三个维度上的非线性作用及内在联系[185]。罗振军（2022）通过构建多维贫困指数（MPI）实证了数字普惠金融对收入贫困、教育贫困以及医疗贫困的减缓效应，进步一步说明了金融发展确实能起到多维减贫的目的[186]。多方实证检验的结果给出了政府实际工作上的启迪：金融发展是减缓贫困的有效途径，政府应采取措施更多释放金融支持减贫的促进效应，把重点放在改善金融布局上，扭转城乡、区域双重失衡局面。

由此来看，金融发展能够推动社会进步，最终实现贫困群体社会满意度的增加，有效减轻贫困程度。就金融发展推动社会整体进步的视角来看，多数研究认为金融发展和社会整体进步间是良性互动的，金融发挥"配置效应"积极推动着社会的进步；金融的不断创新能够满足社会结构差异化需求，即不同群体的需求（包括贫困群体）；金融发展提升社会效率的同时，还可以做到调节社会的公正公平（孙国峰，2018）[187]。

3.2.3.3　金融发展—生态建设—贫困减缓

生态环境建设能极大地促进减贫。通常情况下，贫困地区自然资源、生态环境构成了扶贫载体。人们赖以生存的载体得以发展，会深刻影响整个地区的发展。

"生态建设—贫困减缓"存在两方面机制：第一，生态建设作用于主体进而改善贫困，这里主体包括人和经营主体。人们普遍倾向在生态环境良好的地区生活，良好的生态环境会吸引高知识水平人才进入，软实力的加强，让经济得以发展，贫困得以缓解；良好的生态环境能带来广阔的发展前景，企业更愿意在生态环境良好和人才密集的区域驻址，人才及企业的增多带动地区发展，改善贫困状况。第二，生态建设理念影响产业布局和发展。扶贫载体在人类社会发展中扮演着肥沃"土壤"的角色，发挥着稳定和调节整个系统的功能。生态文明观要求产业布局和发展尊重自然发展规律，忽略规律而对扶贫载体过度利用，必然会使以自然环境资源为依托的特色产业发展难以维继。产业结构布局不合理，行业发展受限制，最终也会让扶贫工作事倍功半。

精准扶贫、精准脱贫方略中，党和国家把生态补偿作为脱贫攻坚"五个一批"的重要路径之一，通过实施"重大生态工程建设、加大生态补偿力度、大力发展生态产业、创新生态扶贫方式"[①] 等举措，兼顾平衡贫困地区扶贫工作推进和生态保护，协调处理好发展过程中发展与生态的关系，在未来长效扶贫进程中，探索出一条统筹生态保护与减贫融合的发展之路，一条减贫的绿色发展之路。

关于"金融发展—生态建设—贫困减缓"的机制，大多是围绕间接性通过环境保护、经济增长和产业结构升级等来研究的。黄建欢等（2014）视绿色发展效率为生态效率最有利的指标，但研究显示其影响作用并不明显[188]。刘婧宇等（2015）指出绿色信贷政策在短期可减少重污染企业排放，中期内会抑制工业化的产出规模，但长期看生态效益不显著[189]。李虹等（2019）发现长三角地区和珠三角地区生态环境与绿色金融的耦合协调度较低，金融发展与生态建设处于拮抗阶段[190]。

大部分学者还是赞同绿色金融发展是有助于改善地区生态环境、提升生态效率的。杨熠等（2011）和修静等（2015）指出绿色金融政策实施能够提高企业环境信息披露程度，降低企业污染排放[191]、[192]。裴辉儒与张颖（2015）认为短期内碳金融对环境质量改善并无明显作用，但长期来看碳金融能够促进生态环境改善[193]。刘莎与刘明（2020）发现绿色金融与经济增长、绿色金融与环境质量均存在相辅相成、互为促进的关系[194]。方建国与林凡力（2019）认为绿色金融发展可以推动产业转型，监督和管理企业节能减排，这都有益于促进经济增长[195]。雷汉云和王旭霞（2020）发现环境污染对地区的经济发展具有抑制作用，而绿色信贷可以直接改善地区生态环境，从而推动经济向好发展[196]。这些文献均在一定程度上验证了金融作用于生态、实现减贫的机制。

综上所述，大部分学者和政策实施者都认为金融发展是有利于促进贫困地区的生态环境保护与经济发展的。全面乡村振兴视阈下，未来长期持续性扶贫开发工作进程中，要重视生态工程建设，大力发展生态产业，注意调整生态扶贫方法和认知。树立好改善生态环境就是发展生产力的理念，协调处理好经济发展与生态环境保护两者的关系，积极探索出一条统筹生态保护的绿色减贫道路，金融或可成为一剂良药。

---

① 国家林业和草原局政府网. 六部门印发《生态扶贫工作方案》[EB/OL]. http：//www.forestry.gov.cn/main/72/content-1071264.html. [2018-01-26].

3.3　本章小结

本章内容为后续研究的展开提供了理论上的支持，主要阐述了研究的相关概念、理论框架及金融支持减贫的作用机制。相关概念方面清晰地给出了贫困的定义、全面乡村振兴的内涵以及对金融发展和减贫效应的界定。理论模型框架分析方面，首先依据"农村金融发展理论""贫困减缓理论"以及"可持续发展理论"构建本研究的理论框架，然后依据理论框架先补充说明了贫困地区主要的致贫因素，接着重点分析了金融支持减贫的作用机理。金融作为减贫不可或缺的手段之一，一方面可以直接作用于贫困减缓；另一方面也可借助经济增长、社会发展和生态环境建设等多个路径间接作用于减贫，即"金融发展—经济增长—减贫""金融发展—社会进步—减贫"以及"金融发展—生态建设—减贫"。

全面乡村振兴战略涵盖了经济增长、社会发展和生态建设的方方面面，乡村经济、社会、生态全面协调发展，且三者能够维系可持续性才能被认为有效衔接了全面乡村振兴，因此，全面乡村振兴下贫困地区金融发展需要与经济增长、社会进步、生态建设相协调，才能实现可持续发展。

第4章 青海农牧区金融发展成效

4.1 青海农牧区基本情况

4.1.1 地理区位

研究落脚于青海6个自治州，其属于青海典型农牧区。图4.1中所涉及的典型农牧区，具体包括海西蒙古族藏族自治州、海北藏族自治州、海南藏族自治州、黄

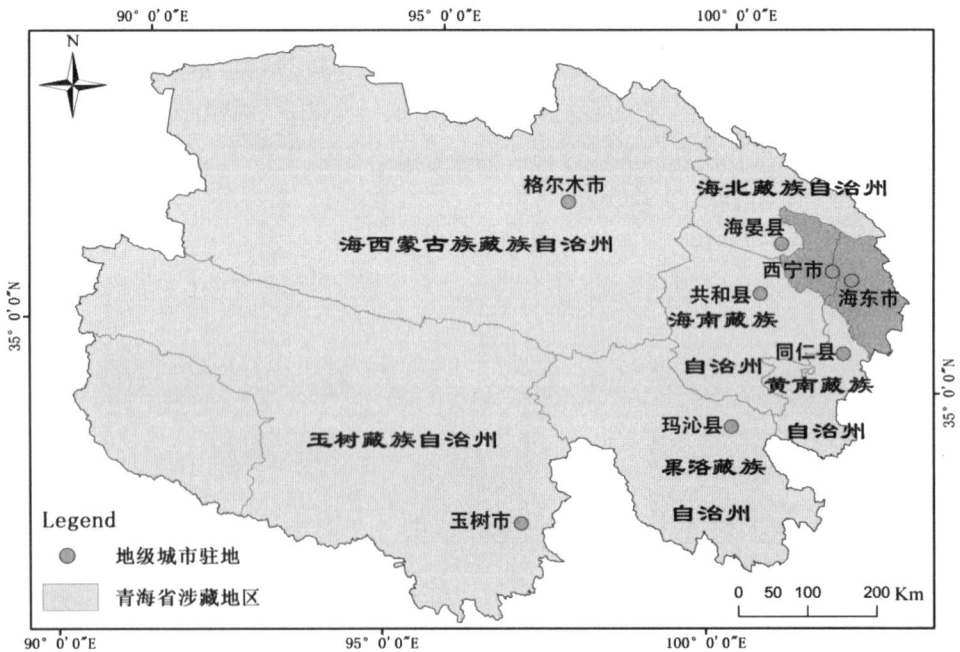

图4.1 青海农牧区分布①

---

① 注：所有地图基于国家测绘地理信息局标准地图服务站下载，审图号为GS（2019）1826号的标准地图制作，底图无修改；地图中颜色最深区域为本研究涉及的青海典型农牧区。

南藏族自治州、玉树藏族自治州和果洛藏族自治州。各藏族自治州具体地理位置如下：位于青海省境东北部的海北藏族自治州，内辖4县（海晏县、祁连县、刚察县和门源回族自治县）；位于青海省境东南部的黄南藏族自治州，内辖4县（同仁县、尖扎县、泽库县、河南蒙古族自治县）；位于青海省境东北部的海南藏族自治州，内辖5县（共和县、贵德县、贵南县、兴海县和同德县）；位于青海省境东南部的果洛藏族自治州，内辖6个县（玛沁县、班玛县、甘德县、达日县、久治县和玛多县）；位于青海省境西南部的玉树藏族自治州，内辖6市（县）（玉树市、囊谦县、称多县、杂多县、治多县和曲麻莱县）；位于青海省境西部的海西蒙古族藏族自治州，内辖德令哈、格尔木2个县级市，以及天峻、都兰、乌兰3个普通县[①]。

4.1.2　人口状况

6个自治州人口构成中藏族人口比例较大，总量规模达200余万人，占到青海省人口规模总数的30%以上，占藏族总人口的25%。此外，所研究的典型农牧区还集聚有回族、蒙古族、土族、撒拉族等诸多少数民族，含藏族在内的少数民族占到全省总人口的45.5%[②]，属于典型的民族地区。

表4.1　6个自治州人口和面积统计

地名	政府驻地	人口规模（万人）	占地面积（平方千米）
海西蒙古族藏族自治州	德令哈市	40.489	300726
海北藏族自治州	海晏县西海镇	29.561	34443
海南藏族自治州	共和县	47.031	43493
黄南藏族自治州	同仁县	27.852	17809
玉树藏族自治州	玉树市	41.448	204891
果洛藏族自治州	玛沁县	20.379	74367
合计	--	206.760	675729

资料来源：青海省统计局州市公报；各州统计年鉴。

---

① 民政部全国行政区划分信息查询平台. [EB/OL]. http：//www.mca.gov.cn/. [2019-08-20]. 注：相关内容依据行政区划资料及网络资料整理归纳。

② 青海统计局. 青海统计年鉴 [DB/OL]. http：//tjj.qinghai.gov.cn/tjData/qhtjnj/. [2019-08-27].

4.1.3 自然生态

研究涉及的 6 个自治州大部分地区群山环绕,其有地方海拔高度越超 4000 米。地区平均气温常年较低,属于典型的高原大陆性气候,冬长夏短,季节不分明,干燥寒冻是常态。独特的自然气候条件使青海农牧区很容易受到严重自然灾害的影响,比如雪灾、干旱和大风等,常给当地畜牧业及种植业带来短期难以恢复的破坏。据数据统计,仅 2019 年包括青海农牧区在内,青海省全年因自然灾害引发的经济损失超过 14 亿元,自然灾害波及全省 87.5 万人,成灾面积总计 53.39 千公顷,草场受灾面积 7000 公顷[①],雪灾和地震灾害影响尤为突出。

整体上,青海农牧区的自然环境生态脆弱,突出表现为几点:第一,适合人类居住并能进行生产的地域范围小,青海农牧区 2/3 的区域海拔高过 3000 米,属于高寒地带,动植物种养殖和人居条件不理想。第二,地区少有降水,强日照时间长,气候寒冷干旱,非常不利于植被生长与再生,草木园林长时间受恶劣生长条件适应性考验,成活成才率低,且遭破坏后短时间内难以恢复。第三,生态系统极不稳定,地区拥有相对复杂的生态系统,从西往东依次呈现荒漠、草原、灌丛、森林等多层次生态系统。如果西部荒漠系统发生问题,容易引起连锁反应,殃及中部草原系统及东部森林系统。另一个方面,森林系统的分布比较散,大部分是呈现块状或带状分布,且分布不均,这样的分布状态导致地区森林维持质量差。土壤营养成分低,砾石含量高,不利于植被大面积繁衍,森林资源有限。第四,扬沙等自然灾害多发难以根治,比如柴达木盆地就多为荒漠戈壁,且处于西风常发地带,气候干旱、少雨、多风,特别是在冬春季风力强劲时,常常引发尘暴天气或扬沙天气,牵连影响至其他地区。

4.2 乡村振兴战略的演进

4.2.1 乡村振兴战略的政策演进

乡村振兴是党和国家在 21 世纪提出的重大战略之一,从 2017 年 10 月至今其发展历程并不是一蹴而就的,是历经层层推进、逐步深化演进。

[①] 网易新闻 . 绿色要文——去年青海自然灾害损失 14.35 亿元,金牛旭阳因环境违法被罚 45 万 [EB/OL]. https : //www.163.com/dy/article/FCRD3IKT0519PVA0.html. [2020–05–17].

4.2.1.1　战略化：战略确立，载入党章

自改革开放以来,"三农"问题一直都是全党工作的重中之重。为配合解决好"三农"发展问题,国家相继出台了一系列方针政策,并将其逐级上升到了国家战略高度。2017年习近平总书记在党的第十九次全国代表大会上明确了"乡村振兴战略"是新时代解决"三农"发展问题的重要战略。"乡村振兴战略"确立并写入党章。和历次政治汇报中提出的"三农"发展相关政策不同,乡村振兴战略已经超出了通常意义上的政策属性,虽然一定程度上延续了社会主义新农村建设、城乡一体化发展等指导性政策的相关核心内容,但在战略性上又明显高于这些政策,其重点在于构筑建设社会主义现代化强国,它是实现社会主义现代化强国的重要战略之一,也是实现伟大复兴的战略性支撑。习近平总书记在党的十九大报告中重点陈述了三个问题:一是重申"三农"问题的重要性;二是明确乡村振兴战略的总体思路,即在坚持"产业兴旺、生态宜居、乡风文明、治理有效、生活富裕"总体要求下,通过体制机制建设,优先解决"三农"发展问题,加快推进农业农村现代化;三是不断深化农村改革实践,积极推进乡村振兴系列重大措施,落实农业农村基础性工作[①]。总而言之,乡村振兴战略体现了党对现代化建设规律的深刻把握以及就"新、老"城乡关系过渡问题的科学研判,具有坚实的理论逻辑和科学实践意义。

4.2.1.2　纲领化：顶层设计，出台意见

2017年中央农村工作会议顺利召开,就实施乡村振兴战略进行顶层设计,随后,2018年中央《中共中央 国务院关于实施乡村振兴战略的意见》(以下简称意见)颁布,《意见》全面部署了乡村振兴战略实施的思路和主要任务,具体包括12个部分共46条。第1部分主要论述了这一伟大战略的重要意义和具备实施的条件;第2部分论述了实施的整体要求,涵盖了引导思想、责任目标和基本原则三个方面;第3~8部分明确主要使命,即培育乡村发展新动力,构建人—自然和谐共生新格局,营造乡村文明新气氛,完善乡村整治管理系统,打造乡村新面貌,增强贫困群众获得感等;第9~12部分明确农业农村振兴过程中的重要政策步伐,增强了准则供

---

① 人民网.习近平在中国共产党十九次全国代表大会上的报告 [EB/OL]. http://cpc.people.com.cn/GB/
http:/cpc.people.com.cn/n1/2017/1028/c64094-29613660.html. [2017-10-28].

给①。《意见》以更强的前瞻性和针对性全面框画出农业农村振兴的宏大蓝图,是实施乡村振兴战略纲领性的文件。

4.2.1.3 实操化:印发规划,落实落地

为井然有序地推动乡村振兴战略,将顶层设计与纲领性文件真正落到实处,2018 年党中央、国务院颁发了《乡村振兴战略规划（2018—2022 年）》,《规划》中围绕"五大建设要求"作出阶段性谋划,提出 82 项具体措施针对解决发展中的各项重大问题。第一,明确了乡村振兴战略中要实现对产业、生态、人才、文化和组织的振兴;第二,《规划》提出了 22 项细化指标,建立起了比较完整的指标系统,包含 19 项预期指标和 3 项束缚性指标;第三,《规划》确立了乡村振兴过程中需要坚守的基本原则,如"农业乡村优先原则""党管农村工作原则""人与自然和谐共生原则"等。第四,《规划》提出以乡村精准分类的新思路增进乡村的全面发展②。《规划》是国家层面上的第一个全面推动农业农村振兴的五年详细计划,标志着农业农村全面振兴迈入实操落地阶段。

4.2.1.4 法制化:组织保障,有法可依

全面乡村振兴战略的实施没有舶来经验,需要坚实的组织保障与法律保驾。2019 年中共中央颁布的《中国共产党农村工作条例》加强了党在农村工作推进中的核心领导地位,这是一项专门性的关于农村工作的党内规程,为"新时期"党的农村工作开展提供了基本遵循,成为农业农村全面振兴的党组织制度保障③。2021 年施行的《中华人民共和国乡村振兴促进法》是我国第一部以"乡村"为名的法规,为推进"农业全面升级、农村全面进步、农民全面发展",尽快实现农业农村现代化提供了有力的法律保障,它的诞生标志着我国全面推进乡村振兴各项工作从此有了法律的保驾护航。《条例》和《促进法》的颁布实施体现了我国举全党全社会之力推进乡村全面振兴的决心,为"新时期农业高质量发展、乡村宜居

---

① 中华人民共和国农业农村部 . 2018 年中央一号文件公布全面部署实施乡村振兴战略 [EB/OL]. http : // www.moa.gov.cn/ztzl/yhwj2018/tsyhwj/201802/t20180205_6136411.htm. [2018-02-05].

② 中华人民共和国中央人民政府 . 中共中央国务院印发《乡村振兴战略规划（2018-2022）》[EB/OL]. https : //www.gov.cn/zhengce/2018-09/26/content_5325534.htm. [2018-09-26].

③ 澎湃 .《中国共产党农村工作条例》[EB/OL]. https : //www.thepaper.cn/newsDetail_forward_4402515. [2019-09-10].

宜业、农民富足幸福"提供了组织上的制度依靠和法律上的有力支持[①]。

4.2.2 青海省对接乡村振兴战略

"十四五"时期,青海省开启全面建设社会主义现代化国家的新征程,这个时期是推进实现绿色发展的现代化新青海的关键五年。为深入贯彻落实中共中央、国务院《关于实现巩固拓展脱贫攻坚成果同乡村振兴有效衔接的意见》[②],有效对接国家"乡村振兴战略",中共青海省委、省人民政府先后发布了《关于实现巩固拓展脱贫攻坚成果同乡村振兴有效衔接的实施意见》[③]《青海省国民经济和社会发展第十四个五年规划和二〇三五年远景目标纲要》[④] 等文件,同时还编制了《青海省"十四五"巩固拓展脱贫攻坚成果同乡村振兴有效衔接规划》,相关文件全面阐述了"十四五"时期,青海省有效衔接全面乡村振兴,奋力实现现代化新青海的总体要求和具体工作措施,指导性地为地区各部门"巩固成果、守牢底线、强化衔接、推动发展"作出统筹安排,举全省之力确保乡村振兴顺利实现[⑤]。

4.3 金融发展现状

4.3.1 我国金融发展现状

金融作为国之重器,坚持发展独立自主的金融体系,是我国百年金融发展的目标,也是维护人民根本利益的站位。自新中国成立以来,我国的金融发展历经由实力薄弱、服务单一到实力雄厚、服务多样化,由"大统一"向多层次金融体系发展的历程。回望 70 多年风雨征程,我国金融发展主要经历以下几个发展阶段,且各具阶段特点。

---

① 中华人民共和国中央人民政府. 中华人民共和国乡村振兴促进法 [EB/OL]. https∶//www.gov.cn/xinwen/2021-04/30/content_5604050.htm. [2021-04-30].

② 界面新闻. 中共中央、国务院印发《关于实现巩固拓展脱贫攻坚成果同乡村振兴有效衔接的意见》[EB/OL]. https∶//www.jiemian.com/article/5844357.html. [2021-03-22].

③ 果洛藏族自治州人民政府. 中共青海省委青海省人民政府印发《关于实现巩固拓展脱贫攻坚成果同乡村振兴有效衔接的实施意见》[EB/OL]. http∶//www.guoluo.gov.cn/html/106/336126.html. [2021-12-21].

④ 中华人民共和国国家发展和改革委员会. 青海省国民经济和社会发展第十四个五年规划和二〇三五年远景目标纲要 [EB/OL]. https∶//www.ndrc.gov.cn/fggz/fzzlgh/dffzgh/202106/t20210617_1283436.html. [2021-06-17].

⑤ 青海省政府网. 青海省"十四五"巩固拓展脱贫攻坚成果同乡村振兴有效衔接规划 [EB/OL]. http∶//fgw.qinghai.gov.cn/ztzl/zt2022/sswgh/zxgh/202202/t20220224_80413.html. [2022-10-12].

4.3.1.1 计划经济时期的金融发展（1978 年之前）

阶段特点：建立健全新中国金融体系；金融体系高度集中统一。

1948 年底创立了新中国金融体系，标志性事件是中国人民银行的成立，由原先西北农民银行、华北银行和北海银行合并而成，统一货币发行职能。1950 年，中国人民银行承担了全国的资金总调度职能。1952 年，经过社会主义改造的私人银钱业，归并成公私合营银行。紧接着，中国人民银行的储蓄部全面接纳公私合营银行，新中国统一集中的金融体系确立，中国人民银行既是企业的银行，又是国家的银行。

1953—1978 年国家开始实行银行国有化，"大一统"金融体系最终形成，金融体系从属于当时的计划和财政部门（戴相龙，1998）[197]。1957 年开始对"大一统"银行进行调整，相继撤并了各类金融机构，全国的信贷业务、结算业务以及现金出纳业务由中国人民银行集中办理，金融机构经营受限[197]。期间，证券市场建设一片空白，投资、投行业务更是没有。总的来说，中国人民银行对上对下，同时兼具了体制属性和商业属性，经济社会中金融所能发挥的作用着实有限。

4.3.1.2 改革开放初期的金融发展（1979-1993 年）

阶段特点："二级银行体制"基本确立；多元金融体系恢复发展。

1978 年底，系统化的金融体制改革开始陆续开始。首先，中国人民银行恢复独立，成为金融主管部门。随后，1979 年，中国农业银行成为独立金融机构，专门支持农村经济发展；中国银行脱离中国人民银行，变成了外汇专营银行；中国建设银行脱离财政部，专营基本建设贷款。1984 年，中国工商银行成立，专营工商信贷和储蓄业务。至此，中国人民银行作为国家的银行、政府的银行、银行的银行，专门行使中央银行职能，四大专业银行负责各自商业银行业务，"二级银行体制"基本框架确立。

我国多元金融体系恢复完善。银行类金融机构除了四大专业银行外，金融主体不断丰富，各类股份制商业银行相继诞生。1986 年，交通银行恢复设立，成为我国首家全国性、综合性股份制银行。1987 年至 1992 年间，以招商银行、深圳发展银行为代表的一大批商业股份制银行纷纷涌现。同时期，金融松化，外资、中外合资、合作银行得以发展。

非银行金融机构发展迅速。1979年，成立中国国际信托投资公司。同年，中国人民保险公司恢复国内建制，1988年和1991年相继成立的中国平安保险公司、中国太平洋保险公司，打破了保险行业的"一家"垄断。1990年和1991年，上海和深圳证券交易所相继成立，成功将资本引入中国。适应我国社会主义市场经济体制的多元金融体系确立形成。

4.3.1.3 改革深化时期的金融发展（1994年至今）

阶段特点：深化完善金融改革；多元竞争主体互为补充。

第一，多元银行体系健全完善。1994年开始，四大专业银行推动商业化改革，经营机制转换，变成商业银行。四大商业银行在2004年至2009年期间，又先后完成了股份制改造，转变为国有控股商业银行。1994年三大政策性银行相继成立。1999年开始，城市的农村合作社向商业银行的转变步伐也逐渐加快，农村信用社随后翻牌为信用合作银行、农村商业银行。大批城市商业银行随即出现。2006年中国邮政储蓄银行成立。2007年，村镇银行崭露头角。2013年民营银行有了突破性发展。

第二，法治与监管不断增强。1995年分别出台了《中国人民银行法》和《中华人民共和国商业银行法》，法律约束下，银行业的整体改革与发展迈入法制轨道。为维护金融安全，应对金融危机，1997年开始连续出台一系列商业银行改革措施和经营管理新体制，有效落实了商业银行经营主权。为实现四大国有商业银行接轨国际惯例、充实资本金，国家动用财政或外汇储备，于1998年发行特别国债，又在2003年、2005年通过汇金公司支持四大行补充资本金。为剥离不良资产，1999年孕育设立华融、东方、信达、长城四大金融资产管理公司，并由财政部全额扶持。2003年中国银行业监督管理委员会正式成立，统领银行业监管职能。同年，修订了《外资银行管理条例》。五年过渡期结束，银行业人民币业务于2016年全面对外资开放，逐步落实兑现了中国"入世"的系列承诺。

第三，规范促进证券、基金、保险行业发展。改善治理结构，规范非银行业金融机构经营是这阶段的主要任务。通过"自律为主＋监管引导"的原则，秩序化证券市场运行。严格规范基金管理公司，2003年相应颁布实施《证券投资基金法》。同年12月，招商基金管理有限公司开业，成为国内第一家中外合资形式的基金公司。2003 年中国人民保险公司改组成为中国人保控股公司，紧随其后中国人寿和中国再保两家公司也先后全部完成改制。2003 年，人保财险成功在海外上市，成为国内金融企业境外上市的首例。2003 年底，中国人寿保险股份有限公司分别在纽约证券交易所和香港联交所上市成功，成为港、美两地同时上市的"第一人"[①]。我国非银行金融机构主体实现扩容，发展迅速。

表4.2　1979年以来农村金融相关政策文件汇总和解析

年份	相关政策、文件	出处	解读
1979年	《关于恢复中国农业银行的通知》	国务院	涉农业务得到了统一管理
1981年	《中国农业银行关于农村借贷问题的报告》	国务院	规范引导和管理民间信用
1982年	国家提出农业银行"企业化"口号	——	提高资金运用效率
1983年	《关于中国人民银行专门行使中央银行职能的决定》	国务院	中国人民银行的中央银行职能确立完善
1983年	《当前农村经济政策的若干问题》	中共中央、国务院	恢复农村信用社的"三性"
1984年	存款准备金制度建立	——	标志着中央银行制度基本框架的初步确立
1988年	提出完善农业银行整体管理体系	——	农业银行经营和服务效率得以提升
1993年	《关于金融体制改革的决定》	国务院	中国农业发展银行成为我国唯一的农业政策性银行
1994年	《关于组建中国农业发展银行的通知》	国务院	分离涉农政策性业务与商业性业务
1996年	《关于农村金融体制改革的决定》	国务院	农村信用社的指导和管理机构发生转变
1997年	农业银行向国有商业银行化转轨	——	适应市场经济建设需求
2004年	《中共中央国务院关于进一步加强农村工作提高农业综合生产能力若干政策的意见》	中共中央、国务院	强调金融配合农业、农村建设发展需要
2006年	《关于调整放宽农村地区银行业金融机构准入政策更好支持社会主义新农村建设的若干意见》	中国银监会	解决金融供给不足问题

[①] 新浪新闻中心. 中国人寿分别在香港、美国成功上市 [EB/OL]. https：//news.sina.com.cn/c/2003−12−19/05571377600s.shtml. [2023−12−09].

续表：

年份	相关政策、文件	出处	解读
2007年	《关于进一步做好面向"三农"服务工作的决定》	中国农业银行	商业化运作支持"三农"
	成立中国邮政储蓄银行	——	业务定位于服务社区、中小企业以及"三农"
2008年	《中共中央关于推进农村改革发展若干重大问题的决定》	党的十七届三中全会审议通过	允许农村小型金融组织从金融机构融入资金；允许有条件的农民专业合作社开展信用合作
2011年	《关于延长农村金融机构营业税政策执行期限的通知》	财政部、国家税务总局	3%的营业税税率征收政策期限延长
2012年	《中共中央、国务院关于加快发展现代农业，进一步增强农村发展活力的若干意见》	中共中央、国务院	金融支持发展多形式农牧业经营
	《关于支持农业产业化龙头企业发展的意见》	国务院	金融支持龙头企业发挥带动作用
2013年	《关于做好2013年农村金融服务工作的通知》	中国银监会	提升"强农、惠农、富农"金融支持力度
2015年	《关于做好2015年农村金融服务工作的通知》	中国银监会	强化支农服务政治责任
2017年	《关于延续支持农村金融发展有关税收政策》	财政部、国家税务总局	农村金融税收政策进一步放宽
2019年	《坚持农业农村优先发展做好"三农"工作的若干意见》	中共中央、国务院	农村商业银行、合作银行、信用社业务回归本源
	启动实施2019年度金融支农创新试点	农业农村部	探索金融支农新模式
2022年	《关于做好金融支持全面推进乡村振兴重点工作的意见》	中国人民银行	金融重点倾斜"三农"领域，接续全面推进乡村振兴

资料来源：通过网络和在诸多文献中收集汇总。

4.3.2　青海农牧区农村金融发展现状

4.3.2.1　1979—1995年，农村金融发展开始获得重视

配合家庭联产承包责任制的推行，1979年，中国农业银行恢复，成为中央国务院直属机构，并作为农村信用合作的主管机构，对其运营有序管理，为更好支持农村经济发展奠定了基础。中国农业银行业务由单一的涉农存贷业务，逐步向

农村经济的多个领域拓展，同时延伸了农村产业和农副产品等贷款业务。就青海来说，青海省农牧业发展一直受到家庭联产承包责任制的影响，直至1993年，为了响应国家进一步深化改革开放的号召，满足地区农牧经济发展和（农）牧民的融资需求，青海省政府敦促地区农村金融机构就金融支持范围适时进行调整：延伸贷款支持类目，不断开发大农牧业品类贷款；转变授信方向，放活农村金融政策，重点转向扶持农村承包经营（农）牧户发展；扭转支持重点，从单一支持农牧业生产"点"的发展，扭转为支持农牧业"链"或"面"的全局发展。农信社的经营模式开始逐步探索怎样实现经营的更群众化、柔性化（张兵等，2002）[198]。

4.3.2.2 1994—1996年，改革并理顺农业银行与信用社关系

根据中央关于不断深化农村信用社改革要求，青海农牧区农业银行与农村信用社隶属关系开始调整，新设立农村信用联社直接领导农村信用社，受中国人民银行统一监管。中国农业发展银行于1994年，全面接管专门的政策性的农业农村信贷业务和金融业务（龚刚和林毅夫，2007）[199]。1995年1月，中国农业发展银行青海省分行成立，为农牧业发展提供支持的政策性资金。农业发展银行青海省分行有效支持了农牧区经济发展，开展粮油畜收购综合贷款业务，提供农牧业生产发展资金，开发各类中长期农牧业贷款。

4.3.2.3 1997—2005年，规范整顿完善农村金融体系

1998年，着手开始整顿非正规金融机构。允许小额信贷公司改制为村镇银行，鼓励民间资本参与设立村镇银行。农牧区商业性信贷业务主要由农村信用社经办[①]。2004年后，为缓解我国农村金融供给不足问题，青海省迎合改革试点工作对地区农村信用社做出调整：壮大农村信用社主体，在存量机构调整基础上增加供给主体；改革信用社管理机制，地方政府根据发展需要统一领导农村信用社；破解"三农"发展瓶颈，加大农村信用社支农、支牧资金投放力度。

4.3.2.4 2006—2012年，多元投资参与农村经济建设

在此期间，青海颁发了多项鼓励金融多元发展的政策和文件。2007年青海省

---

① 中国知网. 国务院关于农村金融体制改革的决定[EB/OL]. https：//xuewen.cnki.net/CJFD-YNZB199610000.html. [2022-10-26].

农村信用社不断降低（农）牧户贷款浮动利率，以扩大支农支牧信贷覆盖面，大大减轻了(农)牧民的信贷压力。财政支持金融发展效果明显,从2007年至2010年,财政资金撬动金融发展，累计安排资金总额59.5亿元[①]，金融参与农村经济建设能力跟进提升。进一步增强农村发展的金融活力，2012年的《关于鼓励和引导民间投资健康发展的实施意见》文件，引导和鼓励民间资本积极参与"基础设施建设、市政公用事业、基础产业、商贸流通等八大领域"[②]，为青海农牧区农牧业经济发展增添了新力量，此间青海省典型农牧区家庭农场发展超过1.5万家，资金支持涉及粮食播种、蔬菜种植、花卉培育、牲畜饲养、渔业养殖等各个产业[③]。

4.3.2.5　2013—2017年，农村金融发展配合精准扶贫

2013年国务院颁发了《关于支持农业产业化龙头企业发展的意见》，青海农牧区根据《意见》号召，结合地区发展实际，加强了金融与财政之间的相互配合，通过多方合力，积极盘活农牧区金融资源，金融重点扶持龙头企业、特色企业和绿色产业，并且对特殊行业的潜力企业重点贴息补助，运用科学方法协助扶贫工作开展精确识别并提供适应的金融帮扶[④]。2015年到2017年，青海农牧区重点协调相关金融机构，为精准扶贫开发提供针对性的金融信贷，特别为返乡创业的企业家提供优惠的金融支持和服务。农牧区贫困村创新建立村一级的"五个一"精准扶贫金融服务机制[⑤]，农牧区创新形成扶贫"3+1+1"的金融支持

① 人民网.青海财政59.5亿元提升金融服务经济社会发展能力[EB/OL]. http : // politics.people.com.cn/n/2013/0703/c70731-22061649.html. [2013-07-03].

② 百度文库.青海省人民政府关于鼓励和引导民间投资健康发展的实施意见[EB/OL]. https : //wenku.baidu.com/view/e5a618cb814d2b160b4e767f5acfa1c7ab008272.html?fr=sogou&_wkts_=1679994630798. [2022-07-28].

③ 中国农业信息网.青海省农牧民合作社和家庭农场超3万个[EB/OL]. http : //www.agri.cn/V20/ZX/zllyqgxxlb_1/qh/202111/t20211119_7781741.htm. [2021-11-19].

④ 百度文库.国务院关于支持农业产业化龙头企业发展的意见[EB/OL]. https : //wenku.baidu.com/view/205c8df2ba0d4a7302763abc.html?fr=sogou&_wkts_=1678601383624. [2022-06-17].

⑤ 海东新闻网.互助"530"贷款发放突破亿元[EB/OL]. http://www.haidongnews.com/system/2017/12/15/012495168.shtml. [2017-12-15].

注：村级"五个一"精准扶贫金融服务机制，即"在县扶贫开发局确定一名精准扶贫联络员、在人民银行互助支行确定一名金融服务指导员、在主办银行确定一名金融扶贫服务员、在乡镇确定一名金融扶贫监督员、在村上确定一名精准扶贫协管员"。

机制[①]（王长松，2016）[200]，青海农牧区基本实现了"金融＋扶贫"精准行策。

4.3.2.6　2018 年至今，金融服务助力乡村振兴

2021 年，人民银行西宁中心支行制定实施《关于 2021 年青海省金融支持实体经济发展的指导意见》，在增强金融支持乡村振兴能力、实施民营中小微企业融资专项行动、推动绿色低碳循环发展等方面提出 17 条主要措施，《意见》要求要持续发挥金融稳定支持乡村振兴的作用，金融机构充分利用涉农业务优势，加大创新，信贷有效支持绿色低碳循环产业和特色产业发展；金融资源配置主动适应经济结构调整，加强绿色产业和生态重点产业的资源供给；金融服务要聚集弥补薄弱环节，力争信贷投入动态精准满足发展需求[②]。2022 年，为认真贯彻落实关于全面推进乡村振兴重点工作的决策部署，人民银行西宁中心支行牵头制定出台《青海省金融支持乡村振兴的实施意见》，分别从多个方面提出 22 条金融支持措施，其中关于提高基础金融服务水平的共 16 条，关于创新金融产品和服务的共 6 条。金融机构通过整合资源加大金融对重点帮扶县的农牧业、旅游业和文化产业等的倾斜力度，增强农村金融服务质量和效益，提升金融服务乡村振兴能力和农村领域基础金融服务水平，特别是要对乡村产业可持续发展提供更充分的金融保障[③]。一系列的政策明确了青海农牧区金融支持乡村振兴的主要举措，为加快实现农牧业、农牧区现代化打下了基础。

4.4　青海农牧区金融发展成效

4.4.1　金融服务覆盖率提高

改革开放 40 余年来，青海农牧区农村金融主体的存量和增量都在不断增加，适应农牧区经济发展和社会需求的涉农信贷规模在持续放大。农业政策性银行从

---

① 中国人民银行西宁中心支行课题组，韩涌泉 . 普惠金融发展研究——以青海省为例 [J]. 青海金融，2016，308（05）：30–33.

注 "3+1+1" 中的 "3" 即基层金融精准服务的 "联络员、服务员、协管员"；两个 "1" 分别是一份金融服务档案和一份贫困（农）牧户特殊信用证。

② 中国金融新闻网 . 青海省推出 17 条金融举措提升服务实体经济能力 [EB/OL]. https：//www.financialnews.com.cn/qy/dfjr/202105/t20210511_218293.html. [2021–05–11]

③ 中国金融新闻网 . 青海省出台金融支持乡村振兴实施意见助力乡村振兴 [EB/OL]. https：//www.financialnews.com.cn/qy/dfjr/202207/t20220719_251559.html. [2022–07–19].

无到有，农业银行商业化转型，农村信用社发展成为真正意义上的金融合作组织，农村商业银行和信用社共同成为地区主要涉农力量。2004 以后，在国家推动金融发展政策引导下，农牧区开始出现多类型的金融机构，新型农村金融机构也开始发展。彼时，政策性保险公司、商保公司、小贷公司也在农牧区开展了相关业务。表 4.3 展示的是青海农牧区典型涉农机构（主要是农村信用社和农村商业银行）的情况。2010 年，青海农牧区涉农社机构数量共计有 369 家，经过改革调整，到 2021 年总量调整至 364 家。十二年间农村信用社不断减少，农村商业银行在不断增加。涉农机构从业人员数量 2010 年为 3297 人，到 2021 年十二年间增加了 1468 人，农村商业银行从业人员数量增加明显。

表4.3　2010—2021年青海农牧区主要涉农机构数量变化情况

年份	机构数（家）		人数（人）	
	农村信用社	农村商业银行	农村信用社	农村商业银行
2010	338	31	2967	330
2011	299	47	1932	403
2012	302	50	2758	554
2013	298	64	2787	675
2014	283	80	2769	905
2015	230	133	2468	1432
2016	230	146	2697	1647
2017	173	211	2004	2319
2018	21	256	1438	2908
2019	21	349	420	4021
2020	20	346	490	4087
2021	1	363	358	4407

资料来源：青海省统计年鉴。

十二年来，政策性引导、改革推进，青海农牧区金融惠及面有效扩大。第一，传统涉农机构支持力度稳居前列。中国农业发展银行青海省分行、中国农业银行青海省分行和青海省农村信用联社三大典型传统涉农金融机构，每年经办农牧业资金占到全省支农支牧资金的 90% 以上。第二，金融服务"三农"推陈出新。中国农业银行青海省分行被立为支持"三农、三牧"试点行，其开辟的创新业务，如农民住房财产权抵押贷款、农户贷、二手房贷款、"随薪贷"、"活畜贷"、"农民安家贷"、"富民贷"等均成为服务"三农、三牧"的良方，至 2021 年末累计发放涉农、涉牧贷款近千亿，惠及农牧民约 30 多万户[①]。第三，惠农金融服务有效提升。农村信用社、商业银行、邮政储蓄银行在农牧区的信贷业务涉及多个领域，农牧区惠农金融服务不断提升。2021 年末，青海省惠农金融服务点数量共 8360 个，省境内 366 个乡镇、4156 个村庄基本实现覆盖。青海农牧区惠农服务点共 2914 个，平均每 500 个（农）牧民就能拥有惠农惠民服务点 1 个[②]。

表4.4　青海农牧区各个自治州银行网点概况

地名	二级分行（家）	支行营业部（家）	代理网点（家）	银行网点/万人（家/万人）
海西蒙古族藏族自治州	10	170	192	4.742
海北藏族自治州	6	122	143	4.837
海南藏族自治州	10	201	217	4.614
黄南藏族自治州	6	100	122	4.380
玉树藏族自治州	9	147	155	3.740
果洛藏族自治州	4	76	81	3.975
合计	45	816	910	4.401

资料来源：青海省统计局州市公报；各州统计年鉴；国泰安数据库。

---

① 新浪看点.农行青海分行累计投放涉农贷款 990 亿元 [EB/OL]. https：//k.sina.com.cn/article_1784473157_6a5ce64502002m2gh.html?from=news&subch=onews. [2022-09-23].

② 新浪财经.青海省惠农金融服务点建设成果丰硕 [EB/OL]. https：//finance.sina.com.cn/jjxw/2022-02-17/doc-ikyakumy6383829.shtml. [2022-02-17]

整体看，中国农业发展银行青海省分行、中国农业银行青海省分行和青海省农村信用联社三大金融机构基本实现了对偏远农牧区的金融服务"全覆盖"（表4.4）。截至2021年，青海农牧区范围内，三大机构共有816个支行及近千个银行代理网点，二级分行和分行营业部45个以上，每万人拥有的银行网点数量为4.40个。以县、乡、村为单位，平均的银行网点数量分别为55.99、3.93、0.24个①。其中，海西蒙古族藏族自治州和海北州藏族自治州由于经济在全区域内相对发达，每万人拥有的银行网点数量高于全区平均水平，而经济相对落后的果洛州藏族自治州和玉树州藏族自治州，每万人拥有的银行网点数量低于全区平均水平。

4.4.2　金融服务的可得性提升

随着青海农牧区金融服务的覆盖率不断提高，乡镇层面全部设立了银行网点，这极大地提升了农村、农牧区企业和农牧民多元化金融服务的可得性。尤其是"金融＋'精准扶贫、精准脱贫'"工作的开展，青海省创新金融发展相应推出《关于全面推进"双基联动"金融服务机制的实施意见》等系列政策措施，更是成为青海农牧区金融支持好扶贫、减贫的坚实制度保障。

一是精准扶贫贷款可得性显著提升。各金融机构积极开发符合青海农牧区特点的农牧业金融产品和服务，先后推出了"牦牛贷""拉面贷""枸杞贷""惠农 e 贷"等体现地区特色优势的信贷产品②。例如，"牦牛贷"是青海农牧区特有的贷款案例，这也是地区财政扶贫引导和农村金融参与、定向精准扶贫的成功案例之一。牦牛是青海省历史悠久的牧业的主要畜养动物，是青藏高原特有的牛种，也是青海农牧区得天独厚的经济资源。"牦牛贷"目的主要是更好支持当地畜牧业加快产业化进程。"牦牛贷"的出现解决了（农）牧民获取资金困难的问题，是地区牧民发展家庭牧场、"合作社＋农牧业"、"企业＋牧民"等模式大力提升畜牧业的一个"支农、支牧"典范。此外，"牦牛贷"所反映出的"政策＋资金"精准引导、金融资源合理产业疏导等做法，成为金融支持精准扶贫的可推广经验。总之，青海农牧

---

① 青海统计局 . 青海省统计年鉴 2022[DB/OL]. http：//tjj.qinghai.gov.cn/nj/2022/indexch.htm. [2023-02-26].

② 中华人民共和国中央人民政府网 . 青海金融机构累计发放各类扶贫贷款 1602 亿元 [EB/OL]. http：// www.gov.cn/xinwen/2020-08/10/content_5533664.htm. [2020-08-10].

区通过特色涉（农）牧信贷产品创新，使金融支持扶贫工作无论在精准性上，还是在带动效应的发挥上都有所提升。截至 2020 年三季度末，全省各类金融精准扶贫贷款累计总额达 1665.5 亿元，其中，累计向建档立卡贫困（农）牧民及已脱贫（农）牧民发放贷款 105.2 亿元，贷款受益人数累计达 22 万人；产业精准扶贫贷款累计发放总额达 518.7 亿元，带动受益人数累计达 51.8 万人[①]。

二是各项存贷款业务稳步增加。随着青海农牧区金融服务网络的覆盖率不断提高，农牧信贷服务与产品丰富创新，（农）牧民与金融机构的亲和力不断提升。地区贷款规模逐年扩大，与地区信贷发展紧密关联的存款业务规模也在稳步提升，地区金融机构资金来源相对稳定充足，资金运用日趋适配。截至 2021 年底，青海农牧区各项业务存款余额 1357.26 亿元，比 2010 年增加 805.75 亿元，增长 146.10%，平均年增长率为 9.06%；各项业务贷款余额 834.25 亿元，比 2010 年增加 515.15 亿元，增长 161.44%，平均年增长率为 10.50%[②]（表 4.5）。

三是农牧业保险普惠性不断提升。青海农牧区相关金融机构加快推进地区信用体系建设，积极为农牧民建立信用档案，截至 2022 年初，地区已建立信用档案的（农）牧户占比高于 90%，达到信用户授予标准的有 55.1 万户，占全区总农牧户的 56%，是目前全国唯一信用体系基本全域覆盖地区，全区不良贷款率仅 0.3%，在全国市县区域不良贷款率评级中属于优良水平[③]。随着"整村授信"工作的展开和信用档案的建立，极大地推动了地区农牧业保险业务的发展，政策性农牧业保险承保的品种不断扩大，保险数额不断增加，赔付能力也相应提高。保险机构逐步在农牧区贫困地区配置了便利的保险服务网点，乡镇层面的保险服务网点覆盖率达 95%[④]。农牧业保险额从 2017 年的 33487 万元，增加到 2021 年的 100222 万

① 搜狐网.青海省已累计发放各类金融精准扶贫贷款 1665.5 亿元 [EB/OL]. https：//www.sohu.com/a/444445957_120988576. [2021-01-14].

② 数据来源：青海省统计局资料。

③ 川观新闻.青海加强农牧区信用体系建设"老赖村"变身"信用村"[EB/OL]. https：//cbgc.scol.com.cn/news/484431. [2022-12-04].

④ 青海统计局.青海省统计年鉴 2022[DB/OL]. http：//tjj.qinghai.gov.cn/nj/2022/indexch.htm. [2023-02-26].

元 [1]。截至 2022 年末，青海农牧区保险行业累计向受灾群众和单位支付赔款 2.16 亿元，预计待赔付金额 1.67 亿元，其中为"1·08"门源地震灾害支付赔款 4885 万元，为互助山体滑坡地质灾害支付赔款 186.38 万元，其他洪涝、干旱，风雪等自然灾害支付赔款 1.53 亿元 [2]。

表4.5　2010—2021年青海农牧区金融存贷款总额变化情况

年份	金融存款总额（亿元）	金融贷款总额（亿元）
2010	551.512	319.100
2011	569.995	307.558
2012	711.712	419.633
2013	827.520	503.614
2014	913.715	630.504
2015	1023.554	638.291
2016	1110.593	656.674
2017	1121.455	768.500
2018	1126.555	805.140
2019	1219.317	881.315
2020	1251.4584	780.473
2021	1357.258	834.250

资料来源：青海省统计年鉴。

4.4.3　金融综合服务平台建设取得突破

银企服务平台和金融服务平台一直以来都是地区经济发展的重要助力，一方面它能加强渠道效能，推动银行和企业、企业和企业、企业和个人之间对接的提质增效，进一步提升支农、支牧资金筹集的科技服务能力；另一方面通过深化银

① 青海统计局 . 青海省统计年鉴 2022[DB/OL]. http ://tjj.qinghai.gov.cn/nj/2022/indexch.htm. [2023-02-26].
② 北京商报 . 青海银保监局：2022 年农险累计支付赔款 1.55 亿元 [EB/OL]. https ://baijiahao.baidu.com/s?id=1754915861411069641&wfr=spider&for=pc. [2023-01-13]

企之间，企业和企业之间，企业和个人之间的合作，能有效加快金融数字化转型的脚步，推进金融服务业务向纵深方向发展。青海省银企互信服务平台和青海省中小微企业融资服务平台分别于2019年和2020年正式上线运行。（青海农牧区金融扶贫主要金融产品或服务项目见表4.6）。

表4.6　青海农牧区金融扶贫主要金融产品或服务项目

产品/服务	核心内容	贷款对象	贷款额度（万元）	贷款期限（年）
小额扶贫贴息贷款	当地扶贫部门承诺贴息 发放依据：农（牧）户信用评定等级 支持范围：贫困农（牧）户参与政府主导扶持项目	农户 牧户	2~5 多为2万	1~3
农村房屋抵押贷款	抵押范围：农村房屋 发放机构：农村信用社借款	完全民事行为能力的自然人	≤70	≤10
个人生产经营贷款	支持范围：规模化生产经营	个人生产经营者	5~100	≤1
生产经营性贷款	支持范围：生产经营及其他	个体户、私营业主和自然人	≤1000 可循环贷款	≤10
农村基础设施建设贷款	财政承诺全额偿还本息 主导部门：中央和省级财政 支持范围：农村基础设施建设项目	拥有资质的营业机构	—	≤20
农（牧）户林权抵押小额贷款	抵押范围：农（牧）户或第三人依法有权处分的森林、林木、林地的所有权、使用权；与资源相关的其他资产 发放机构：农村信用社	相关林业经营的经营者	≤30	≤10
农户联保贷款	农户组成联保小组（≥3户） 支持范围：农牧业生产经营；消费用途 责任划分：联保小组成员相互承担连带保证责任	联保小组成员	≤20	联保协议期限内多为1年

资料来源：青海省扶贫办公室资料整理。

　　银企互信服务平台为客户提供更及时、更便捷的对账服务，通过整合政务信息和信用信息，完成了银企与平台的对接。借助平台，银行可以有效识别信用风险，企业可以成功实现对金融服务供给的筛选。青海省银企互信服务平台自开通以来，已有50多个相关单位参与信息公开公布，整理展示210余万条各类信用数据，农牧区银行类金融机构纷纷进驻，进驻率达100%，先后百余项金融产品参与交易，完成签约账户数1302个，支农、支牧资金筹集约410亿元[1]。其中，最典型的当属小额扶贫贴息贷款项目（"530"贷款），因其"全额贴息、免担保、免抵押"，而深受地区广大（农）牧民的青睐。截至2022年末，青海农牧区金融机构按照"双免"原则向有能力、有需求的贫困（农）牧户发放"530"扶贫小额信贷累计30.4亿元，惠及贫困（农）牧户5.44万户，（农）牧户获贷率近50%[2]，做到了应贷尽贷。

　　青海省中小微企业融资服务线上平台，是在青海省工信厅、青海省银保监局和地方金融监管局在人行西宁中支的大力支持下，通过各个贫困地区的政府搭台、数据融合、信用评估等手段研究开发建设的[3]。平台上线运行使中小微企业"融资难"问题得以有效缓解，通过资源信息的有效整合，实现金融活水"滴灌精准"。青海省银保监局联合农牧区税务部门通过平台信息交互，列出纳税信用等级"良好"及以上的中小微企业名录，匹配对接的银行机构，实现银行支持企业"一对一"。目前辖内已经有30多家资金方机构通过平台，向7万余户中小微企业客户推送产品信息，提供"一站式"综合服务。2020年以来，地区银行业（平台资金方）积极落实涉企服务部门出台的多项扶持政策，将线上融资服务平台和线下集中对接有机结合，为地区中小微企业提供融资余额达3142.67亿元，年增长率7.87%[4]。

---

　　[1] 人民网.青海：政银企合力搭建平台助推中小微企业融资服务[EB/OL]. http://qh.people.com.cn/n2/2020/0610/c182754-34077394.html. [2020-06-10].

　　[2] 网易.青海省金融机构精准扶贫成效显著[EB/OL]. https://www.163.com/dy/article/FIUE6C5V05346936.html. [2022-08-01].

　　[3] 中国金融新闻网.青海省中小微企业融资服务平台上线运行，启动日银企对接资金5.84亿元[EB/OL]. https://www.financialnews.com.cn/qy/qyjj/202006/t20200611_193087.html. [2020-06-11].

　　[4] 青海乡村振兴局.[EB/OL]. http://xczxj.qinghai.gov.cn/zwgk. [2022-01-02]

　　注：相关内容由资料汇总所得。

4.5 本章小结

本章主要围绕青海农牧区金融发展状况及减贫成效进行总结分析。首先介绍了青海农牧区基本情况，包括地理区位、人口状况和自然生态。其次梳理总结了乡村振兴的政策演进。然后介绍了新中国成立后我国金融发展历程。就青海农牧区农村金融发展状况来讲，先后经历了初获重视、风险预防与调整、鼓励商业性金融支农创新、引导民间投资参与农牧区经济建设、农村金融发展配合精准扶贫工作以及金融服务助力乡村振兴几个阶段。经过历年耕耘，青海农牧区金融发展取得明显成效，金融服务覆盖率有所提高，金融服务的可得性不断提升，地区金融综合服务平台建设取得突破。地方经济提高、社会进步和生态优化是离不开资金支持的，这里可以形象感知金融支持的重要性。的确金融在惠农惠牧方面发挥着作用，地区建设发展各方面指标一定是会有所改善。然而我们更关心的问题是金融支持怎样产生效应？金融支持地区经济发展、社会进步、生态优化是直接作用的，还是间接作用的？进一步发挥金融支持作用有没有条件，存不存在支持门槛？金融支持是否与发展目标协调？一系列问题，将在后续部分递进给出答案。

第5章　全面乡村振兴下金融支持减贫效应研究

5.1　金融支持减贫的直接效应

5.1.1　研究方法选择

国内外的相关文献中对金融支持减贫机制研究有着较长的发展历史，评价理论和方法也在不断地演进，从简单化到复杂，从传统的定性分析评估到简单化的定量分析，定性与定量方法结合，再到通过结合相应的复杂数学模型来就问题展开评估。其中，定性研究更多侧重于考察，基于公理逻辑及历史事实，采用描述、分析、诠释的方式，研究事物矛盾性的特征以及背后规律，是社会学、管理学等研究领域中常见的方法。简单的定量方法，最基础的是专家评分方法，这是一种简单初级定量化评价方法，所评价的指标通常是单层次的多个指标，专家对各类目的权重给出主观赋权，实际应用中该方法适用范围较广。略有深度的金融支持减贫的定量研究方法，目前在经济学领域中经常用到的有：二重差分法（DID）、定向匹配–二重差分法（PSM-DID）、静态面板数据分析法等。无论是DID，还是PSM-DID分析法，更多情况下都是研究一种政策或者方案实施前后的对比效果，注重点在于突出事物规律变化的时间点。静态面板数据更多的是应用于一项连续性的、不存在特殊突变点的研究，是一种存在稳健性前提的数学模型研究方法。

建模分析采用面板数据有几点好处：第一，更加方便对个体的异质性控制。在金融支持减贫效应分析中，核心解释变量是存在异质性的，异质性很难有效捕获或度量，如单纯的时间序列分析和横截面分析中，其模型就无法很好纳入这些因素，忽略异质性控制引起遗漏变量的问题，导致估计有偏，此时利用面板数据进行分析是较好的办法。第二，面板数据分析提高了自由度和估计的有效性。更大信息量，解决样本数据量不充足的问题，使分析时出现共线性的可能性降低，同时增加的自由度，会让估计变得更加有效。就本研究来讲，研究金融支持减贫效应时，采用面板数据要优于时间序列数据，因为这样选择可以兼顾到异质性，同时避免产生共线性问题。采用面板数据同时也优于横截面数据，因为这样选择能兼顾到持续性，反映出相关指标的动态调整。

面板数据又可以分为动态面板数据和静态面板数据。青海农牧区金融支持减贫效应研究分析中，所涉及的诸多变量不会出现无规律性波动，一定阶段内相对稳定，因此本研究显然偏向于平衡的静态面板数据分析。研究方法的选择需要与研究目的匹配，选择的量化方法无须过分苛求复杂，而是要找到最恰当、最适合的方法，同时兼顾一定的创新性（曹均伟和李凌，2007）[202]。作为应用型研究，应更具实用性和实践意义，其成果应该便于地区相关工作人员阅读与理解，因此研究方法恰当易懂更为重要。目前学术界关于金融支持减贫同时涉及"经济—社会—生态"多维度分析的文献不是很多，结合青海农牧区分析的，更是为"零"。因此本研究利用面板数据对青海农牧区金融支持减贫效应在"经济—社会—生态"多维视角上进行分析，算是一次创新尝试。

5.1.2　面板模型构建

5.1.2.1　变量选取原则

想要对金融支持减贫效应进行客观公正评估，首先要制定相适应的评价原则，也就是指选择合适的变量指标。本研究对青海农牧区金融发展支持减贫效应的变量选择遵循以下几点原则：

第一，科学性原则。任何领域的研究中，科学性都是前提基础，本研究在整体设计金融发展支持减贫效应相关评价指标或标准前，以事物客观发展规律为首要考虑条件，切实关注青海农牧区状况以及贫困的基本情况，对那些能够较客观反映整个地区金融发展情况和减贫情况的要素进行综合，这是基于科学性的考虑。所选取的变量指标一定是符合当地经济社会发展水平状况的，并一定程度上体现地区发展规律和内外在联系。

第二，综合性原则。筛选金融发展支持减贫评价体系时，必须要全面、系统、全方位地对整个考核内容进行度量，变量指标体系必须尽可能全面反映真实的减贫水平，这不仅要综合考虑到青海农牧区现实的经济、社会发展状况，也要在一定程度上体现出生态自然环境的能力表现，不能只偏重于其中某个单一方面而偏废其他。因为整个评价体系是个综合性的复杂系统，系统中各个指标层级间相互作用、相互影响，所以综合指标不能简单进行加权。此外，综合性体现在要能反映金融发展的过程、地区扶贫的宏观整体变化，能切实反映出当地贫困人口的生产、生活以及地区发展实际，所以设计给出的综合变量指标体系要能很好体现综合性原则。

第三，可操作性原则。可操作性也就是操作过程中的可行性，它是指所选择的变量指标必须要有利于数据的获得，不能无中生有，评价指标必须客观且实用可操作，否则评价是不具备参考价值的。所以本研究在选取青海农牧区金融支持减贫效应的评价指标变量时，充分考虑到指标本身的可操作性及可行性，选择了那些能够在现实生活中通过运用相关工具进行测量，并且是可靠获得的真实数据。对于不能够完全量化的指标，也会通过一些直接或间接的方式对其进行量化界定及分析处理。

第四，可持续发展原则。"生态优先"，要求探索绿色减贫道路，需要充分考虑地区生态站位，生态保护串联经济增长、社会发展。"青山绿水"等价"金山银山"，扶贫开发具体工作一定要融进可持续发展理念、"五大新发展理念"，做到人类自身发展与环境、资源、社会等各方面相协调、和谐共生。将金融支持与地区可持续发展结合，这样不仅能够提高经济发展效率和减贫的工作成效，也可在一定程度上解决当地生态环境维护与发展问题。

5.1.2.2　变量的选取

全面乡村振兴就是推动实现五大振兴，"产业"是重点、"人才"是基石、"文化"是灵魂、"生态"是关键、"组织"是主心骨。基于此，本研究构建指标时，主要从金融发展、经济发展、社会发展和生态建设发展几个层面进行甄选，力求不同角度地全面分析乡村振兴下青海农牧区金融支持减贫的效应。第六章相关耦合协调分析中，指标的选取也出于这方面的考量。所有指标数据来源于2001—2022年《国民经济和社会发展统计公报》《中国统计年鉴》《青海统计年鉴》《中国信息统计网》《中国农村经济统计年鉴》以及 wind 数据库等（系列相关分析中，如无例外不再对数据来源进行特别说明）。研究中有些变量不能直接获取的，利用其他原始数据通过相应计算公式处理得到。由于采用的是平衡面板数据，所以缺失的个别数据借以线性插值法补入。各变量定义详见表5.1。

第一，被解释变量

贫困水平（pov）。已有文献对于衡量贫困水平的指标有贫困发生率（赵志君等，2020）[203]、贫困距、贫困距的平方（潘海燕等，2020）[204]、基尼尔系数（李金叶等，2013）[205] 和收入（李芳华等，2020）[206] 等。多数文献一般倾向优先选择贫困发生率，因为贫困发生率是衡量个体是否贫困的一个重要且常用的指标，各类减贫手段通常可以直接作用于贫困发生率，所以本研究用贫困发生率来反映地区贫困水平。

第二，核心解释变量

本研究主要从金融发展规模和金融发展效率两方面，对青海农牧区金融发展水平进行评估。研究所涉及的金融支持减贫的直接效应、中介效应、门槛效应以及耦合度与协调度分析均适用。为了更好地反映地区金融发展水平，核心解释变量综合了庄毓敏等（2020）[207]、章红等（2020）[208] 的处理方法，拟定为金融发展规模和金融发展效率两个指标。

金融发展规模（scale）。金融规模是贫困人群参与经济活动其中某一环节的具体结果的体现，可以反映出金融发展的惠及广度。规模值正向关联金融机构货币存量，数值越大说明该地区金融机构整体市场容量较大。本研究将规模指标界定为青海农牧区金融机构存款余额 / 地区 GDP，该指标用于展示地区金融资源的惠及情况。

金融发展效率（effi）。金融效率可以反映出金融主体对贫困人群的贡献程度。就青海省金融体系发展现状来看，银行还是主要的金融主体，银行借助"储蓄效应""投资效应"，更好实现"配置效应"，那么关注资源转化情况是必要的。本研究将效率指标界定为青海农牧区金融机构年末贷款余额 / 存款余额，该指标用于展示地区金融资源的使用效率。

第三，中介变量

模型的中介变量涵盖三个方面，即经济增长、社会发展和生态建设。

现有文献中衡量经济增长，有的学者选用国民生产总值（GNP）或者人均 GNP，有的学者选用国内生产总值（GDP）或人均 GDP，事实上 GDP 考虑的是最终产品的价值，用这个流量的概念衡量经济增长较为准确。本研究的经济增长是流量的概念，创新的是它是一个多维系统，包含了更加宽的范畴，由人均第一产业 GDP、（农）牧民人均收入、（农）牧民人均消费水平、人均主要农业产品产量 / 千克（农业产品有：粮食、油料、水果、牛奶、肉类）以及农村人均固定资产几个方面构成。该指标可以从不同方面更加全面地反映经济增长状况（简称"经济增长系统"econ）。

社会发展中介变量也是由多个指标构成的系统，因为社会发展涉及多个方面，任何一个单一指标都是片面的，这里我们用人均受教育年限、养老服务机构年末数 / 万人、人均医疗卫生费、乡村从业人数与乡村总人口比值以及研究与开发经费支出多个指标来表示社会发展状况（简称"社会发展系统"soci）。

最后一个中介变量是生态建设，当然也是由多个指标构成的系统（简称"生态建设系统"ecol），涵盖灾害、绿化和污染三个方面的内容，具体包括累计水土流失治理面积、自然灾害数（地质 + 森林火灾）、鼠害和虫害发生面积、森林覆盖率和废水排放总量多个指标。

表5.1　各变量定义

类型	变量含义	衡量方式
被解释变量	贫困发生率（pov）	[贫困人数（户）/全部人数（户）]×100%
解释变量	金融发展规模（scale）	金融机构存款余额/GDP
	金融发展效率（effi）	金融机构年末贷款余额/存款余额
中介变量	经济子系统（econ）	人均第一产业 GDP（元）；（农）牧民人均收入；（农）牧民人均消费水平；人均主要农业产品（粮食、油料、水果、牛奶、肉类）产量/千克；农村人均固定资产
	社会子系统（soci）	人均受教育年限；养老服务机构年末数/万人；人均医疗卫生费；乡村从业人数/乡村总人口；研究与开发经费支出；
	生态子系统（ecol）	累计水土流失治理面积；自然灾害数（地质+森林火灾）；鼠害和虫害发生面积；森林覆盖率；废水排放总量

续表：

类型	变量含义	衡量方式
控制变量	通公路率（road）	公路线密度
	产业结构（indu）	第一产业与第三产业/GDP
	对外开放程度（open）	（进口额+出口额）/GDP
	财政扶贫支出率（fina）	政府财政支出/GDP
	城镇化水平（towns）	地区非农人口/地区总人口
调节变量	乡村振兴战略实施与否（rural）	提出乡村振兴策略前后分别为0/1

第四，控制变量

通公路率（road）。道路基础设施是地区间辐射的媒介，辐射范围越宽，辐射能力越强，其区域间经济互动力则越大，它与地区居民生活质量密切相关。交通道路建设不够完善会减小生产资料的流通性，产品生产完成后难以进入外部市场，导致产品流通效率低下，加之招商引资、招贤纳士等方面受限，缺少区域间互动交流，自然会给经济带来极大阻碍。因此以等级公路总里程作为衡量指标，是有效地就当地脱贫潜力做出控制的变量之一。

产业结构（indu）。单单靠外力援助还无法让一个贫困落后地区彻底摆脱贫困，多维视角下要想让扶贫产业可持续发展，形成一个强大的内生动力，须以产业为依托，根据地区特色适时调整地区产业结构，优化产业布局，也能有效实现地区人民收入可持续。青海农牧区承担着国家的重要生态保护责任，地区拥有丰富的生物资源、矿物资源、牧业资源和旅游资源。产业更加多样化，结构更合理稳定，市场风险应对能力才能更强。因此，在产业结构方面选取第一产业和第三产业的GDP占比，这充分考虑到了青海农牧区经济特色和产业结构的稳定。

财政扶贫支出率（fina）。公共支出是政府针对减贫工作所使用的重要政策工具。政府财政在脱贫上支出经费的高低，往往与解决贫困问题有效与否密切关联。地区财政的收入，又是脱贫目标达成的支持与保证。青海农牧区贫困人口数量大，生产、生活水平相对落后，贫困程度深，显然更需要中央政府和地方（区）政府的财政支持。由于地区产能低下，科技水平落后，资源依赖型企业多且运营效率不高，传统产业收益小，缺乏经济效率良好的技术密集型企业入驻，导致地区财政收入偏低，无法更好地为扶贫项目提供资金支持。因此，研究引入公共财政支出，用其占 GDP 的比重来表示财政扶贫支出率。

对外开放程度（open）。地区对外往来越频繁，知识交流越全面，技术、人才和外资的外引就更充分，因此开放程度同样也是影响贫困的因素。现在青海农牧区开放程度逐渐加深，外拓合作与交流也是越来越重要，对外开放程度可成为评价地区经济发展状况的有力指标，本研究将其界定为进出口总额 /GDP。

城镇化水平（towns）。社会生产力的提高，农村自我发展能力不强，城镇带动力不足等因素导致的"新城乡不平衡问题"伴生凸显，加快城乡要素流动是关键。城乡要素流动直觉体现就是非农人口的占比，即地区城镇化水平。城镇水平越高，地区经济增长越快，贫困改善越好。传统的城镇化率指标并不能很好度量一部分不具备城镇户口的流动人口[①]，为了准确反映地区城镇化水平，本研究将其界定为非农人口 / 地区总人口，这也兼顾了对乡村振兴的考虑。

第五，调节变量

乡村振兴战略实施与否（rural）。研究中中介变量包括经济增长系统、社会发展系统和生态建设系统，选取的调节变量必须同三个中介变量有一定的内在关联性，同时跟实证模型中的所有变量在维度上有所区分，偏向中性。前面在理论框架部分阐述了全面乡村振兴视阈下地区金融发展的必要性，全面乡村振兴同时对经济增长、社会发展和生态环境建设多个层面提出了未来发展的目标，因此选取乡村振兴战略实施为调节变量，可以很好兼顾几个系统的调节需求。乡村振兴是本研究的视角切入点，这样选择恰好也能将这一主题完美融合到实证研究当中（该指标用于调节的中介效应研究中）。

目前静态面板模型逻辑构架和公式形式已经相当成熟，其基本特征是：

$$y_{it}=aX_{it}+\delta z_i+\Psi_i+\varepsilon_{it}, \quad t=1, \ 2, \ \cdots T \tag{5-1}$$

公式 5-1 中：X_{it} 为随时间 t 变动的第 i 个个体的观测值；z_i 为不随 t 变动的个

---

① 注：一般意义上，城镇化率 = 城市人口 / 全部人口。

体特征；Ψ_i 为个体异质性的截距项；ε_{it} 为随个体及时间变动的扰动项，ε_{it} 独立同分布，且与 Ψ_i 不相关。由于表 5.1 中所有变量都是随时间 t 变动的个体特征，因此本研究应用到的静态面板模型可以写成如下形式：

$$pov_{it}=C+a_1 scale_{it}+a_2 lnecon_{it}+a_3 soci_{it}+a_4 lnecol_{it}+a_5 lnroad_{it}$$
$$+a_6 indu_{it}+a_7 open_{it}+a_8 fina_{it}+a_9 towns_{it}+\varepsilon_{it} \qquad （5-2）$$

$$pov_{it}=C+a_1 effi_{it}+a_2 lnecon_{it}+a_3 soci_{it}+a_4 lnecol_{it}+a_5 lnroad_{it}$$
$$+a_6 indu_{it}+a_7 open_{it}+a_8 fina_{it}+a_9 towns_{it}+\varepsilon_{it} \qquad （5-3）$$

式中存在量纲不一的变量，对于具有较大值的变量 $econ$、$ecol$ 和 $road$ 需要调整处理（这里取对数）。i 表示青海农牧区 6 个自治州，$i=1$，2，3$\cdots$6；t 表示年份 $t=1$，2，3$\cdots$22；C 为常数项；α 为系数；ε_{it} 为扰动项。

5.1.3 回归与结果分析

5.1.3.1 利用熵值法对各中介变量进行降维处理

由于经济增长系统、社会发展系统和生态建设系统均属于多个分类指标的综合，因此需要降维处理，将多维变一维，以便符合面板数据分析的需要。如果中介变量维数过多易造成数据冗余，会产生不必要的分析偏差。目前数据降维处理方法有主成分分析法（PCA）、熵值法（EM）、线性降维方法（LDA）、局部线性嵌入法（LLE）等，这些方法各有利弊。其中熵值法降维后数据状态变成一维，且多方融合后的数据能较好体现各个指标的特征，综合考虑研究使用熵值法是最佳。

信息论中，熵是对有序化程度的量度，系统有序化程度越好，熵越小，反之熵越大。根据这个特性，进一步我们可用其来评判指标的离散程度，这适用于本研究，某个指标的离散程度越大，说明它在研究中对综合评价的影响力越强，这可行的。

首先，对各指标进行极差化处理。由表 5.1 可以看到，各项指标量纲不一，因此选择常用的极差标准化算法对各指标进行标准化处理，利用处理后所得到的相对值才能计算出合理的综合指标，这是对各类不同质指标值进行同质化的一个过程。设 x_{ij} 表示变量 i 的第 j 个指标数值（$i=1$，2，$\cdots$，n；$j=1$，2，...，q）

指标的极差化处理公式如下：

$$x'_{ij}=（x_{ij}-x_{min}）/（x_{max}-x_{min}） \qquad （5-4）$$

$$x'_{ij}= (x_{max}-x_{ij}) / (x_{max}-x_{min}) \quad\quad （5-5）$$

公式中：x_{max} 表示某个指标的上界限，x_{min} 表示某个指标的下界限。如果数值越大包含指标信息量效果越好，就选用公式（5-4），反之改用公式（5-5）。

其次，利用熵值法赋权。在确定权重之前，先需要对指标作比重变换处理，以降低不同指标在同期内因变化差异大而引起的计算误差。如前所述，利用熵值法赋权是可行的，可有效减少主观赋值带来的权重确定偏差。

综合以上两方面，具体操作如下：

1）对指标作比重变换：

$$z_{ij}= x'_{ij} / \sum_{i=1}^{n} x'_{ij} \quad\quad （5-6）$$

2）计算第 j 项指标的熵值：

$$L_j=- \frac{1}{\ln n} \sum_{i=1}^{n} z_{ij} \ln z_{ij} \quad\quad （5-7）$$

3）计算第 j 项指标的差异度：

$$a_j=1-L_j \quad\quad （5-8）$$

4）指标权重的计算：

$$w_j=a_j / \sum_{j=1}^{m} a_j \quad\quad （5-9）$$

利用公式 5-6 至 5-9，得到经济增长系统，社会发展系统和生态建设系统的指标权重和 6 个自治州的指标权重（表 5.2、5.3）。

表5.2 各中介变量二级指标权重

中介系统类型	各中介指标的构成	指标属性	整体指标权重
经济系统（econ）	人均第一产业GDP（元）	正	0.2288
	（农）牧民人均收入	正	0.1645
	（农）牧民人均消费水平	正	0.1763
	人均主要工农业产品产量/千克（粮食、油料、水果、牛奶、肉类）	正	0.2321
	农村人均固定资产	正	0.1983

续表：

中介系统类型	各中介指标的构成	指标属性	整体指标权重
社会系统（soci）	人均受教育年限	正	0.1921
	养老服务机构年末数/万人	正	0.2374
	人均医疗卫生费（元）	正	0.1832
	乡村从业人数与乡村总人口比值	正	0.2125
	科研机构和高校数目	正	0.1748
生态系统（ecol）	累计水土流失治理面积（千公顷）	正	0.2424
	自然灾害数（地质+森林火灾）	负	0.1391
	鼠害和虫害发生面积（千公顷）	负	0.1714
	森林覆盖率	正	0.1933
	废水排放总量	负	0.2538

表5.3 青海6个自治州"经济—社会—生态"系统二级指标权重

各子系统	二级指标	指标属性	海西州指标权重	海北州指标权重	海南州指标权重	黄南州指标权重	果洛州指标权重	玉树州指标权重
经济子系统	a	正	0.234	0.214	0.226	0.226	0.227	0.227
	a	正	0.154	0.149	0.171	0.169	0.168	0.164
	a	正	0.162	0.163	0.182	0.182	0.18	0.176
	a	正	0.237	0.218	0.23	0.23	0.231	0.23
	a	正	0.21	0.255	0.191	0.193	0.196	0.203
社会子系统	b	正	0.183	0.188	0.201	0.19	0.179	0.183
	b	正	0.23	0.237	0.242	0.236	0.232	0.233
	b	正	0.174	0.178	0.192	0.181	0.166	0.174
	b	正	0.205	0.21	0.219	0.211	0.202	0.206
	b	正	0.208	0.185	0.147	0.18	0.218	0.204
生态子系统	c	正	0.137	0.142	0.153	0.143	0.137	0.144
	c	负	0.24	0.245	0.25	0.246	0.244	0.248
	c	负	0.249	0.251	0.254	0.252	0.249	0.251
	c	正	0.142	0.141	0.152	0.143	0.129	0.125
	c	负	0.232	0.22	0.191	0.216	0.241	0.232

5.1.3.2 描述性统计和相关性分析

表 5.4 显示在样本期间内，贫困人口占地区总人口比值的均值为 32.54，直观说明整个青海农牧区的贫困发生率约为 32%。两个核心解释变量的均值相差不大，均在 0.64~0.66 之间，直观说明这两个变量作为核心要素时，并没有孰轻孰重之分。三个重要中介变量按均值（对量纲较大的 econ 和 ecol 进行了标准处理）大小从高到低排列依次为：社会系统、生态系统、经济系统，直观说明金融支持减贫效应借助中介路径所产生的减贫效果可能会有所不同，究竟如何，需进一步通过回归来说明。

表 5.5 显示在样本期间内，几个重要指标和被解释变量的相关程度都很高，说明变量选择是有意义的，但同时也担心会出现共线性问题，因此展开回归分析前，首先需要就"共线性"进行检验。

表 5.6 的检测结果中，VIF 值最大的是金融发展规模 scale，值为 10.661，略压边界但可以被认为是在自变量的容忍度范围内，其他变量的 VIF 值均小于 10，综合判断得出模型中变量不存在多重共线性的顾虑[①]。

表5.4 各变量统计性描述

变量	样本量	最小值	最大值	平均值	标准差
pov	22	1.200	62.210	32.542	21.235
scale	22	0.169	0.8974	0.6481	0.210
effi	22	0.5185	1.1357	0.6587	0.153
econ	22	2125.673	11557.02	6354.361	3388.154
soci	22	31.744	132.015	68.040	34.596
ecol	22	6457.645	39779.540	18947.591	11125.266
road	22	259.430	1286.320	791.743	330.531
indu	22	19.470	34.960	26.743	4.913
open	22	3.450	9.700	5.800	1.913
fina	22	5.430	10.760	7.378	1.622
towns	22	34.760	60.080	45.268	7.184

---

①注：将 VIF 结果值与判断标准"10"比对，如 VIF < 10，认为可排除多重共线性。

表5.5　相关性分析结果

变量	pov	scale	effi	econ	soci	ecol
pov	1.000					
scale	−0.926***	1.000				
effi	−0.658***	0.602***	1.000			
econ	−0.923***	0.906***	0.634***	1.000		
soci	−0.945***	0.834***	0.718***	0.846***	1.000	
ecol	−0.945***	0.850***	0.709***	0.835***	0.965***	1.000
road	−0.918***	0.933***	0.597***	0.918***	0.804***	0.846***
indu	0.256***	−0.221**	−0.182**	−0.135**	−0.296***	−0.424***
open	−0.765***	0.741***	0.801***	0.716***	0.819***	0.797***
fina	−0.664***	0.575***	0.170*	0.626***	0.560***	0.504***
towns	−0.846***	0.816***	0.708***	0.880***	0.853***	0.818***
road	1.000					
indu	−0.220***	1.000				
open	0.661***	−0.184***	1.000			
fina	0.552***	−0.162***	0.233***	1.000		
towns	0.786***	−0.142***	0.861***	0.401***	1.000	

注：*、**、*** 分别表示在 10%、5%、1% 的水平上显著。

表5.6　多重共线性检测

各个变量	VIF	1/VIF
scale	10.661	0.085
effi	3.061	0.326
road	9.200	0.109
indu	1.080	0.925
open	6.871	0.146
fina	1.750	0.571
towns	5.901	0.170

5.1.3.3　计量检验

在对面板数据进行回归分析前，需要对所选择模型进行适宜性检验，文献中惯用的做法是进行 Hausman 检验。标准化处理使变量量纲一致后，进行 Hausman 检验，结果详见表5.7，发现两个核心解释变量的 x^2 检测值，分别通过 5% 和 1% 的显著性检验，核心解释变量均接受 H_1 假设，所以本研究选择固定效应模型展开实证分析。

表5.7　随机效应和固定效应选择的Hausman检验

	卡方统计量	P值	结论
scale为解释变量	4.13	0.0421**	拒绝原假设
effi为解释变量	9.58	0.0021***	拒绝原假设

注：*、**、*** 分别表示在 10%、5%、1% 的水平上显著。

5.1.3.4　回归结果分析

根据 Hausman 检验结果，构建面板固定效应模型展开回归，出于对比分析的需要，本小节根据公式（5–2、5–3）一共构建了 7 个模型，回归分析估计结果如表 5.8 所示。

不考虑控制变量的情况下，列（1）单独验证了金融发展规模与贫困发生率，系数约为 –93.885，两者呈负相关关系，且 $P < 0.01$，说明金融发展规模扩大具有支持贫困减缓的作用，且作用显著。列（2）单独验证了金融发展效率与贫困发生率，系数约为 –89.821，两者呈负相关关系，且 $P < 0.01$，同样说明金融发展效率提升具有支持贫困减缓的作用，且作用显著。列（3）同时验证了金融发展规模和金融发展效率支持减贫的作用，结果显示两个核心解释变量同时作用时，系数分别约为 –82.487（且 $P < 0.01$）和 –24.623（且 $P < 0.01$），与贫困发生率呈负向相关关系，这表明金融发展规模和金融发展效率同时作用时，是具有支持贫困减缓作用的，且支持作用显著。

考虑控制变量的情况下，列（4）金融发展规模变量系数为负（–7.195），对于降低贫困水平的正向影响，且 $P < 0.10$，而金融发展效率变量系数为正（3.659），但 $P > 0.10$，说明在存在控制变量的情况下，只有金融发展规模可以降低贫困发生率。

同时考虑控制变量和中介变量的情况下，列（5）、（6）核心解释变量系数均为负，系数分别约为 –9.646（且 $P < 0.01$）和 –6.695（且 $P < 0.01$），与贫困发生率呈负向相关关系，说明同时存在中介变量和控制变量的情况下，金融发展规模或金

融发展效率分别都可以显著降低贫困发生率。列（7）两个核心解释变量同时作用时，系数均为负数，系数值分别约为 -7.821（且 $P < 0.01$）和 -5.296（且 $P < 0.01$），与贫困发生率呈负向相关，说明同时存在中介变量和控制变量的情况下，金融发展规模和金融发展效率的共同作用下，具有支持贫困减缓的作用，且作用显著。

通过对比（3）、（7）两列发现，列（7）考虑中介变量后，金融发展规模和金融发展效率共同作用于降低贫困发生率的效果显著，与列（3）相比核心解释变量系数的显著性水平并没有降低，说明可能存在金融支持减贫的中介效应。

表5.8　面板数据模型回归结果

变量	（1）	（2）	（3）	（4）	（5）	（6）	（7）
scale	−93.885*** （3.357）		−82.487*** （3.862）	−7.195* （4.311）	−9.646*** （2.475）		−7.821*** （2.468）
effi		−89.821*** （8.827）	−24.623*** （5.047）	3.659 （3.296）		−6.695*** （1.793）	−5.296*** （1.781）
econ					−5.368*** （1.505）	−6.269*** （1.491）	−5.474*** （1.455）
soci					−1.508*** （0.326）	−1.722*** （0.336）	−1.713*** （0.322）
ecol					−22.099*** （3.423）	−18.958*** （3.474）	−20.253*** （3.367）
road				−10.241*** （1.746）	−4.033** （1.327）	−6.413*** （1.218）	−4.641*** （1.298）
indu				−0.006 （0.054）	0.135*** （0.038）	0.167*** （0.038）	0.156*** （0.037）
open				−1.070** （0.448）	0.129 （0.255）	−0.444* （0.247）	−0.114 （0.259）
fina				−1.790*** （0.521）	−1.805*** （0.341）	−1.468*** （0.364）	−1.453*** （0.350）
towns				−1.681*** （0.152）	−0.211* （0.118）	−0.293** （0.119）	−0.263** （0.115）
个体效应	控制	控制	控制	控制	控制	控制	控制
时间效应	控制	控制	控制	控制	控制	控制	控制
N	162	162	162	126	126	126	126
r2	0.858	0.433	0.873	0.864	0.967	0.961	0.965
F	781.9	103.540	477.731	792.920	2117.901	2097.000	2041.851

注：*、**、*** 分别表示在10%、5%、1% 的水平上显著；括号内为标准误。

国内也有部分学者在研究金融支持减贫作用时，区别分析了政策性金融与商业性金融对贫困减缓的影响，为使研究完善，这里我们也尝试将政策性金融和商业性金融支持减贫的效应进行对比分析。目前我国实践运行中，农业政策性金融唯一的载体为中国农业发展银行，它主要通过各项贷款业务来支持地区整体发展，体现政策性金融的支农效果，依据我国学者白晓燕和李锋（2005）的做法，将地区农发行贷款余额作为衡量农牧业政策性金融支持的代理变量[209]，为统一，商业性金融支持也用贷款余额（loan）来表示。

表5.9 政策性金融和商业性金融回归结果对比

变量	商业性金融	政策性金融
	（8）	（9）
loan	−5.289***	−9.152***
	（1.362）	（3.150）
econ	−10.200**	−9.892***
	（1.513）	（1.538）
soci	−0.445	−0.440
	（0.339）	（0.347）
ecol	−15.771**	−17.345***
	（3.568）	（3.559）
road	−9.003***	−9.198***
	（1.234）	（1.258）
indu	0.102***	0.097**
	（0.039）	（0.039）
open	−0.622**	−0.605**
	（0.25）	（0.256）
fina	−1.188***	−1.387***
	（0.378）	（0.37）
towns	−0.389***	−0.421***
	（0.121）	（0.124）
个体效应	控制	控制
时间效应	控制	控制
N	126	126
r^2	0.9940	0.9938
F	2036.37	1972.50

注：*、**、***分别表示在10%、5%、1%的水平上显著；括号内为标准误。

农发行贷款余额源自中国农业发展银行统计年鉴，同时结合青海省金融办、青海乡村振兴局等部门已有的调研资料整理所得，缺失数据通过线性插值法补齐。

表 5.9 是政策性金融和商业性金融面板数据模型回归分析结果，可以看到政策性金融和商业性金融对贫困发生率是均具有显著性影响的（$P < 0.01$），且系数符号为负，说明商业性金融与政策性金融支持都能有效减缓贫困。通过对比列（8）和列（9），发现核心解释变量的系数绝对值，政策性金融是大于商业性金融的，某种程度上说明在改善地区贫困方面，政策性金融仍是主要力量，这也从另一方面说明地区商业性金融仍有很大发展空间。未来全面乡村振兴下长效扶贫过程中，地区金融发展应转换思路：政策性金融是托底，有效激发商业性金融的活跃度与参与性是破解地区发展瓶颈的有效突破口。实际调研中也发现，农（牧）户改善贫困获益最直接的方式是得到商业性金融的支持，如"530"信贷、"牦牛贷"、"富农贷"等创新性商业性信贷增多、惠农金融网点的建设等，而政策性金融支持，更多发挥了信号功能、资金流向的导向作用，对于地区整体发展的有益性更突出，也有助于引导和激励商业性金融良性发展。从表 5.9 的实证回归结果可以看出，政策性金融和商业性金融的系数符号均为负，且显著性水平上也无明显的差异，同时基于两者的密切关联关系，本研究随后的研究中，不再区分展开讨论。当然未来拓展研究中，也可以更细致深入地将两种性质的金融支持效应进行对比分析，这将是另一个有意义的研究主题。

总结来看，青海农牧区金融支持对贫困减缓确实有促进作用。金融发展规模对应的是"量"的变化，金融发展效率对应的是"质"的提升，在两个核心解释变量各自作用，或者共同作用下，（农）牧民贫困困境都可以得以缓解，相关实证研究分析结果显著。研究也抛出一个问题，直接效应与间接效应并存，那么接着构建适合的中介效应模型进一步检验并说明问题。

5.2 金融支持减贫的间接效应

5.2.1 模型的选择与检验方法

5.2.1.1 模型的选择

近年来，多有文献运用中介效应模型进行经济学相关问题分析，相比分析影响及作用机制的同类研究,中介效应分析可以给出更宽泛、更深入细致的分析结果。本研究参考了温忠麟和叶宝娟（2014）[210] 以及江艇（2022）[211] 关于中介效应改进模型,选择了调节的中介效应模型进行金融支持减贫的间接效应分析,因为该模型不单能很好展示中介效应,而且能清晰地分析自变量对因变量的影响过程和作用机制,即展示深层次的因果逻辑联系。模型的一般形式如下:

$$P=c_0+c_1X+c_2R+c_3RX+e_1 \tag{5-10}$$

$$W=a_0+a_2R+（a_1+a_3R）W+e_2 \tag{5-11}$$

$$P=c'_0+c'_1X+c'_2R+（b_1+b_3R）W+e_3 \tag{5-12}$$

$$P=c'_0+c'_1X+c'_2R+c'_3RX+（b_1+b_3R）W+e_3 \tag{5-13}$$

其中,P 为被解释变量;X 为解释变量;W 为中介变量;R 为调节变量。

5.2.1.2 检验方法说明

调节的中介效应模型中,检验中介效应是否受到调节之前,首先要先顺带看看直接效应是否同时也接受了调节（图 5.1）。检验中介效应是否受到调节检验中,若中介效应受到调节,还需要具体分析调节变量是调节了中介过程的前半路径,还是后半路径,或者是同时调节了前后半路径（图 5.2）。

首先,参考公式 5-11 至 5-13 和图 5.1,如果 c'_1、c'_3 显著,则认为是直接效应受到调节,效应为 $c'_1+c'_3R$。

其次,参考公式 5-11 至 5-13 和图 5.2,中介效应若受到调节,如果只是前半路

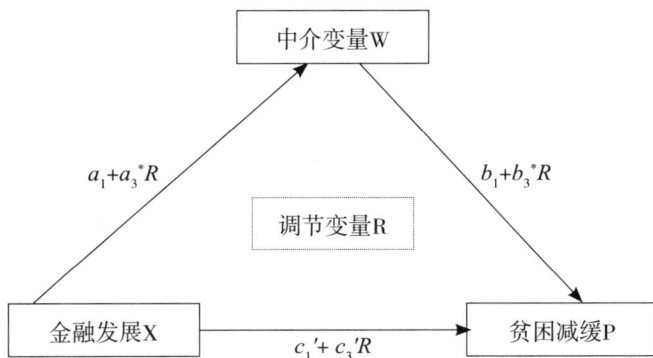

图5.1 同时调节了直接路径

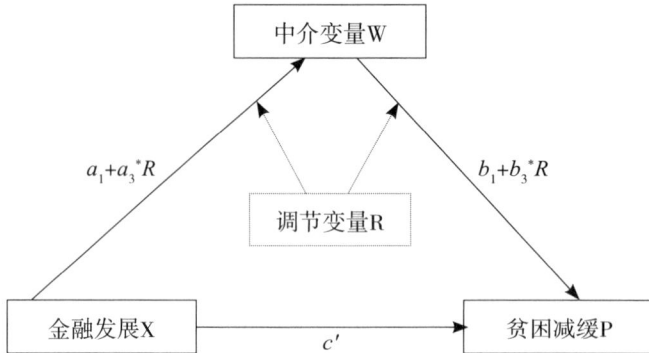

图5.2　调节了中介过程前（后）路径

径受到调节，则公式 5–12、5–13 中，W 对 P 的效应是 b_1+b_3R，此时 $b_3*R=0$；如果只是后半路径受到调节，则公式 5–11 中，X 对 W 的效应是 a_1+a_3R，此时 $a_3*R=0$；如果前、后半路径都受到调节，则 a_3*R 不等于 0、b_3*R 不等于 0，此时效应为（a_1+a_3R）（b_1+b_3R）。可以看出无论直接效应是否受到调节，中介效应的代数表达式不变。

中介效应是否受到调节的检验步骤如流程图 5.3 所示。

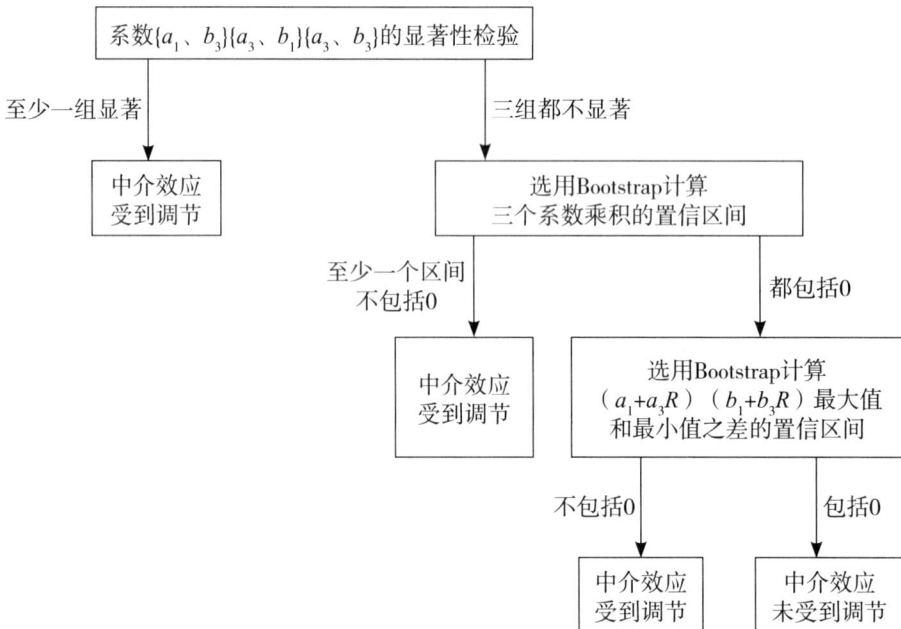

图5.3　调节的中介模型检验流程[210]

具体检验步骤如下：

第一，看系数的显著性。判断公式 5–11，公式 5–12 或 5–13 中的系数 $\{a_1、a_3\}$、$\{b_1、b_3\}$ 是否与 R 显著关联：如果系数显著，且 a_1 不等于 0，b_3 不等于 0，即后半路径受到调节；如果系数显著，且 a_3 不等于 0，b_1 不等于 0，即前半路径受到调节；如果系数显著，且 a_3 不等于 0，b_3 不等于 0，即前、后路径同时受到调节。三组关系中至少有一组成立，则中介效应受到调节。

第二，三组系数都不显著。此时并不能确定中介效应未受到调节，需要使用非参数百分位 Bootstrap 法对系数乘积的区间进行检验：如果系数乘积 a_1b_3 的区间不包括 0，则后半路径受到调节；如果系数乘积 a_3b_1 的区间不包括 0，则前半路径受到调节；如果系数乘积 a_3b_3 的区间不包括 0，则前、后路径都受到调节。三组系数乘积区间中至少有一组不包括 0，则中介效应受到调节。

第三，置信区间都包括 0。此时还不能确定中介效应就未接受调节，需要根据中介效应表达式 $(a_1+a_3R)(b_1+b_3R)$ 计算其最大值和最小值的差，使用非参数百分位 Bootstrap 法检验差的区间是否包括了 0，若不包括 0，则中介效应受到调节，如果区间包括了 0，这才最终可以认定中介效应未受到调节。

5.2.2 调节的中介效应检验与测算

本研究参考温忠麟和叶宝娟（2014）所提出的调节的中介效应分析方法[210]，并借鉴谢贤君（2019）的处理方式，结合本研究的研究目的构建以下实证模型（公式 5–14 至 5–16），即借助模型分析计算出在乡村振兴战略下，金融通过经济增长、社会发展和生态建设支持减贫的中介效应，同时说明乡村振兴战略对金融发展支持减贫的调节作用以及背后的逻辑联系[212]。研究中调节的中介效应模型如下：

$$\{econ|soci|ecol\}=a_0+a_2rural+(a_1+a_3rural)\{scale|effi\}+e_1 \qquad (5\text{--}14)$$

$$Pov=c'_0+c'_1\{scale|effi\}+c'_2rural+(b_1+b_3rural)\{econ|soci|ecol\}+e_3 \qquad (5\text{--}15)$$

$$Pov=c'_0+c'_1\{scale|effi\}+c'_2rural+c'_3rural\{scale|effi\}$$
$$+(b_1+b_3rural)\{econ|soci|ecol\}+e_3 \qquad (5\text{--}16)$$

这里添加了一个新的变量 rural，即调节变量。它是一个（0/1）虚拟变量，乡村战略实施值取 1，否则取 0。这样选择是因为：一是全面乡村振兴兼顾了"全与面"，囊括金融发展、经济增长，社会进步和生态建设多个层面，以战略提出与否作为调节变量，可以很好兼顾几个系统的调节需求，恰好也能将"全面乡村振兴视阈"这一视角完美融合到实证研究当中；二是好的调节变量的确定其本身应该是外生的，0/1 虚拟变量满足这个要求。（其他变量含义参见前述）

5.2.2.1 检验金融发展支持减贫的直接效应是否受到调节

由表 5.10 可知，金融发展规模对贫发生率的效应不显著（c_1'=-8.032，$P > 0.10$），金融发展规模与乡村振兴战略的交互项（scale*rural）对贫发生率的效应不显著（c_3'=-61.614，$P > 0.10$），说明金融发展规模支持减贫的直接效应没有受到乡村振兴战略调节，因此后文中探讨金融发展规模支持减贫的效应时，依据公式 5-15 建模并展开分析。接着，检验金融发展效率影响贫困水平的直接效应是否受到乡村振兴战略的调节，由表 5.10 得到金融发展效率对贫发生率的效应不显著（c_1'=-28.005，$P > 0.10$），金融发展效率与乡村振兴战略的交互项（effi*rural）对贫发生率的效应不显著（c_3'=-30.578，$P > 0.10$），即未受到乡村振兴战略调节，因此后文中探讨金融发展效率支持减贫的效应时，也依据公式 5-15 建模并展开分析。事实上直接效应有没有受乡村振兴战略的调节，都不影响后面调节的中介效应的研究结果。

表5.10　金融减贫效应直接效应是否受到乡村振兴战略调节检验

变量	金融发展规模 （pov）	金融发展效率 （pov）
scale	−8.032 （8.646）	
effi		−28.005 （19.080）
rural	−63.931 （47.864）	−30.664** （13.835）
scale*rural	−61.614 （54.691）	
effi*rural		−30.578 （18.844）
road	−10.139*** （2.934）	−9.143*** （2.950）
indu	0.155 （0.338）	0.088 （0.296）

续表：

变量	金融发展规模	金融发展效率
	（pov）	（pov）
open	−0.222 （0.434）	−0.050 （0.434）
fina	−0.222*** （0.047）	−2.538*** （0.667）
towns	−1.251*** （0.295）	−1.376*** （0.330）
_cons	173.525*** （18.856）	190.561*** （20.755）
个体效应	控制	控制
时间效应	控制	控制
N	126	126
r^2	0.987	0.987
F	1075.220	1058.430

注：*、**、*** 分别表示在10%、5%、1% 的水平上显著；括号内为标准误。

5.2.2.2　检验经济增长系统中介效应是否受到调节

首先看金融发展规模。根据公式5-14、5-15建立调节的中介效应模型，并通过模型回归得到表5.11。金融发展规模对经济增长系统效应不显著（a_1=0.535，$P > 0.10$），金融发展规模与乡村振兴战略的交互项（scale*rural）对经济增长系统效应不显著（a_3=0.314，$P > 0.10$）；经济增长系统对贫困发生率效应不显著（b_1=−18.153，$P > 0.10$），乡村振兴战略与经济增长系统的交互项（rural*econ）对贫困发生率效应不显著（b_3=−0.813，$P > 0.10$）。交互项不显著，按照图5.3流程，并不能确定金融发展规模借助经济增长系统对贫困发生率的中介效应是否受到调节。接下来使用偏差校正的百分位Bootstrap法计算 a_1b_3、a_3b_1 和 a_3b_3 的置信区间。通过 Mplus 程序计算得到系数乘积95% 的置信区间分别是：a_1b_3 为 [−48.071，33.514]，a_3b_1 为 [−92.979，216.793]，a_3b_3 为 [−1045.997，124.407]。因为 a_1b_3、a_3b_1 和 a_3b_3 的置信区间都包括了0，还是不能最终确定中介效应未受到调节，需要进一步检验，在 R 值范围内计算中介效应二次函数 $(a_1+a_3R)(b_1+b_3R)$ 的最大值和最小值，然后通过 Bootstrap 计算得出最大值和最小值之差的置信区间包含了 0，即 95% 置信区间为 [-84.642，0.687]，最终确定中介效应了没有受到调节。所以金融发展规模借助经济增长系统对贫困发生率中介效应的前半路径和后半路径都没有受到乡村振兴战略的调节。这时把 a_3 和 b_3 确定为 0 重新估计获得中介效应，计算得出（-1）*a_1b_1=2.503，通过总效应回归模型计算获得总效应 c=12.465，因此中介效应占总效应的比为：a_1b_1/c=（2.503/12.465）*100%=20.080%。统计结果说明金融发展规模借助经济增长系统对贫困发生率的中介效应没有受到乡村振兴战略的调节，即随着乡村振兴战略提出和实施，在经济增长路径上，金融发展规模支持贫困减缓的间接效应和直接效应维持不变。

其次看金融发展效率。根据公式 5-14、5-15 建立调节的中介效应模型，回归结果如表 5.11 所示，金融发展效率对经济增长系统效应不显著（a_1=0.215，$P > 0.10$），金融发展效率与乡村振兴战略的交互项（effi*rural）对经济增长系统效应不显著（a_3=0.296，$P > 0.10$）；经济增长系统对贫困发生率效应不显著（b_1=-17.475，$P > 0.10$），乡村振兴战略与经济增长系统的交互项（rural*econ）对贫困发生率效应不显著（b_3=-1.512，$P > 0.10$）。按照图 5.3 流程，并不能确定金融发展效率借助经济增长系统对贫困发生率的中介效应未受到调节。使用偏差 Bootstrap 法计算 a_1b_3、a_3b_1 和 a_3b_3 的置信区间，通过 Mplus 程序计算得到系数乘积 95% 的置信区间分别是：a_1b_3 为 [-222.656，54.624]，a_3b_1 为 [-20.309，60.125]，a_3b_3 为 [-548.243，123.697]。因为 a_1b_3、a_3b_1 和 a_3b_3 置信区间都包括了 0，需要进一步检验，在 R 值范围内计算中介效应二次函数（a_1+a_3R）（b_1+b_2R）最大值和最小值，通过 Bootstrap 计算最大值和最小值之差的置信区间包含了 0，即 95% 置信区间为 [-56.388，10.181]，确定中介效应了未受到调节，即金融发展效率经借助经济增长系统对贫困发生率中介效应的前、后半路径都没有受到乡村振兴战略的调节。将 a_3 和 b_3 确定为 0 重新估计获得中介效应（-1）*a_1b_1=4.546。通过总效应回归模型计算获得总效应 c=11.627，因此中介效应占总效应的比为：a_1b_1/c=（4.546/11.627）*100%=39.099%。统计结果说明金融发展效率借助经济增长系统对贫困减缓的中介效应没有受到乡村振兴战略的调节，即随着乡村振兴战略提出和实施，在经济增长路径上，金融发展效率支持贫困减缓的间接效应和直接效应维持不变。

表5.11　金融减贫效应中的经济增长中介效应检验

变量	金融发展规模		金融发展效率	
	（econ）	（pov）	（econ）	（pov）
scale	0.535 （0.630）	−2.722 （19.075）		
effi			0.215 （1.045）	−0.912 （20.841）
rural	0.634 （8.465）	−3.860 （52.673）	0.477 （1.689）	−9.842 （71.589）
scale*rural	0.314 （9.824）			
effi*rural			0.296 （2.168）	
econ		−18.153 （14.253）		−17.475 （13.378）
econ*rural		−0.813 （57.519）		−1.512 （77.754）
road	0.533** （0.199）	−0.766 （8.544）	0.581** （0.229）	−0.774 （8.712）
indu	−0.020 （0.021）	0.529*** （0.169）	−0.010 （0.020）	0.455*** （0.051）
open	0.029 （0.032）	−0.356 （1.047）	0.025 （0.029）	−0.338 （0.939）
fina	0.091** （0.043）	−0.473 （1.389）	0.910*** （0.057）	−0.489 （1.300）
towns	0.023 （0.035）	−0.839 （1.180）	0.030 （0.035）	−0.858 （1.230）
_cons	2.599** （1.133）	222.078*** （47.528）	2.455** （1.240）	220.451*** （47.047）
个体效应	控制	控制	控制	控制
时间效应	控制	控制	控制	控制
N	126	126	126	126
r^2	0.9678	0.9922	0.9698	0.9920
F	421.18	1567.22	450.06	1364.08

注：*、**、***分别表示在10%、5%、1%的水平上显著；括号内为标准误。

5.2.2.3 检验社会发展系统中介效应是否受到调节

首先看金融发展规模。根据公式 5-14、5-15 建立调节的中介效应模型，并通过模型回归得到表 5.12，金融发展规模对社会发展系统效应不显著（a_1=38.332，$P > 0.10$），金融发展规模与乡村振兴战略的交互项（scale*rural）对社会发展系统效应不显著（a_3=6.612，$P > 0.10$）；社会发展系统对贫困发生率效应显著（b_1=-0.049，$P < 0.01$），乡村振兴战略与社会发展系统的交互项（rural*soci）对贫困发生率效应不显著（b_3=-0.176，$P > 0.10$）。按照图 5.3 流程，并不能确定金融发展规模借助社会发展系统对贫困发生率的中介效应未受到调节。使用偏差 Bootstrap 法计算 a_1b_3、a_3b_1 和 a_3b_3 的置信区间，通过 Mplus 程序计算得到系数乘积 95% 的置信区间分别是：a_1b_3 为 [-63.701，2.323]，a_3b_1 为 [-193.319，336.799]，a_3b_3 为 [-203.073，97.198]。因为 a_1b_3、a_3b_1 和 a_3b_3 置信区间都包括了 0，需进一步检验，在 R 值范围内计算中介效应二次函数（a_1+a_3R）（b_1+b_3R）最大值和最小值，通过 Bootstrap 计算最大值和最小值之差的置信区间不包含 0，即 95% 置信区间为 [1.529，88.404]，说明中介效应受到调节。通过总效应回归模型计算获得总效应 c=12.465。由表 5.12 各变量系数值计算乘积：a_1b_1=-1.878，a_1b_3=-6.746，a_3b_1=-0.324，a_3b_3=-1.163，因此调节的中介效应为：$(-1) * [a_1b_1+（a_3b_1+a_1b_3）R+a_3b_3R_2]$，在 R 分别取 0 和 1 时，计算出中介效应分别为：1.878 和 10.111，各自占总效应的 15.066% 和 81.115%，中介效应受到调节后变大。统计结果说明金融发展规模借助社会发展系统对贫困发生率的中介效应受到乡村振兴战略的调节，即随着乡村振兴战略提出，金融发展规模支持贫困减缓的间接效应变大，直接效应变小，从而说明了乡村振兴战略的实施，为金融发展"增量"，通过社会发展这个中介路径发挥支持减贫的作用，也说明乡村振兴战略能使诸多领域的发展更加全面化和系统化。

其次看金融发展效率。根据公式 5-14、5-15 建立调节的中介效应模型，回归结果如表 5.12 所示，金融发展效率对社会发展系统效应不显著（a_1=8.346，$P > 0.10$），金融发展效率与乡村振兴战略的交互项（effi*rural）对社会发展系统效应不显著（a_3=8.410，$P > 0.10$）；社会发展系统对贫困发生率效应显著（b_1=-0.464，$P < 0.10$），乡村振兴战略与社会发展系统的交互项（rural*soci）对贫困发生率效

应不显著（b_3=−0.246，$P > 0.10$）。按照图 5.3 流程，并不能确定金融发展效率借助社会发展系统对贫困发生率的中介效应未受到调节。使用偏差 Bootstrap 法计算 a_1b_3、a_3b_1 和 a_3b_3 的置信区间，通过 Mplus 程序计算得到系数乘积 95% 的置信区间分别是：a_1b_3 为 [−15.022，73.294]，a_3b_1 为 [−110.318，21.118]，a_3b_3 为 [−24.867，82.468]。因为 a_1b_3、a_3b_1 和 a_3b_3 置信区间都包括了 0，还需进一步检验，在 R 值范围内计算中介效应二次函数（a_1+a_3R）（b_1+b_3R）最大值和最小值，通过 Bootstrap 计算出最大值和最小值之差的置信区间包含了 0，即 95% 置信区间为 [−59.290，24.938]，中介效应没有受到调节。所以金融发展效率借助社会发展系统对贫困发生率的中介效应的前、后半路径都没有受到乡村振兴战略的调节。将 a_3 和 b_3 确定为 0 重新估计中介效应为：（−1）*a_1b_1=1.970。通过总效应回归模型计算获得总效应 c=11.627，中介效应占总效应的比为：a_1b_1/c=（1.970/11.627）*100%=16.943%。统计结果说明金融发展效率借助社会发展系统对贫困发生率的中介效应没有受到乡村振兴战略的调节，即随着乡村振兴战略提出和实施，社会发展路径上，金融发展效率对贫困减缓的间接效应和直接效应维持不变。

表5.12　金融减贫效应中的社会发展中介效应检验

变量	金融发展规模		金融发展效率	
	（soci）	（pov）	（soci）	（pov）
scale	38.332 （34.038）	−17.533 （17.795）		
effi			8.346 （62.584）	−3.650 （18.439）
rural	5.412 （453.209）	−20.100 （36.610）	14.201 （113.167）	−23.833 （64.294）
scale*rural	6.612 （525.394）			
effi*rural			8.410 （161.032）	
soci		−0.049*** （0.003）		−0.464* （0.268）
soci*rural		−0.176 （0.388）		−0.246 （0.554）

续表：

变量	金融发展规模		金融发展效率	
	（soci）	（pov）	（soci）	（pov）
road	1.508 （9.799）	−10.297** （0.690）	5.008** （1.238）	−11.444** （5.675）
indu	−1.492 （1.095）	0.489 （0.817）	−0.654 （1.299）	0.095 （0.627）
open	0.792 （1.734）	−0.267 （1.207）	0.251 （1.734）	−0.008 （1.024）
fina	2.307 （2.211）	−0.352 （2.034）	3.332 （2.819）	−0.110 （1.958）
towns	3.957** （1.823）	−0.163 （1.283）	3.040* （1.694）	−0.400 （1.028）
_cons	60.727 （59.499）	151.487*** （39.355）	55.786 （90.694）	155.433*** （41.010）
个体效应	控制	控制	控制	控制
时间效应	控制	控制	控制	控制
N	126	126	126	126
r^2	0.9704	0.9918	0.9731	0.9913
F	458.46	1491.97	507.36	1247.01

注：*、**、***分别表示在10%、5%、1%的水平上显著；括号内为标准误。

5.2.2.4 检验生态建设系统中介效应是否受到调节

首先看金融发展规模。根据公式5-14、5-15建立调节的中介效应模型，并通过模型回归得到表5.13，金融发展规模对生态建设效应不显著（a_1=0.168，$P > 0.10$），金融发展规模与乡村振兴战略的交互项（scale*rural）对生态建设系统效应不显著（a_3=1.358，$P > 0.10$);生态建设系统对贫困发生率效应显著（b_1=-24.546，$P < 0.10$），乡村振兴战略与生态建设系统的交互项（rural*ecol）对贫困发生率效应不显著（b_3=-12.292，$P > 0.10$）。按照图5.3流程，并不能确定中介效应未受到乡村振兴战略的调节。使用 Bootstrap 法计算 a_1b_3、a_3b_1 和 a_3b_3 的置信区间。通过 Mplus 程序计算得到系数乘积95%的置信区间为：a_1b_3 为 [-3.343，138.995]，a_3b_1 为 [-933.501，206.338]，

a_3b_3 为 [-291.637，162.155]。因为 a_1b_3、a_3b_1 和 a_3b_3 置信区间都包括了 0，还需进一步检验，在 R 值范围内计算中介效应二次函数（a_1+a_3R）（b_1+b_3R）的最大值和最小值，通过 Bootstrap 计算得出最大值和最小值之差的置信区间包含了 0，即 95% 置信区间为 [-30.551，10.833]，确定中介效应未受到调节。所以金融发展规模借助生态建设系统对贫困发生率中介效应的前、后半路径都没有受到乡村振兴战略的调节。将 a_3 和 b_3 确定为 0 重新估计获得中介效应，此时中介效应为（-1）*a_1b_1=0.391。通过总效应回归模型计算获得总效应 c=12.465，中介效应占总效应的比为：a_1b_1/c=（0.391/12.465）*100%=3.137%。统计结果说明金融发展规模借助生态建设系统对贫困发生率的中介效应没有受到乡村振兴战略的调节，即随着乡村振兴战略提出和实施，在生态建设路径上，金融发展规模支持贫困减缓的间接效应和直接效应维持不变。

其次看金融发展效率。根据公式 5-14、5-15 建立调节的中介效应模型，回归结果如表 5.13 所示，金融发展效率对生态建设系统效应不显著（a_1=0.001，$P>$0.10），金融发展效率与乡村振兴战略的交互项（effi*rural）对生态建设系统效应不显著（a_3=0.186，$P>$0.10）；生态建设系统对贫困发生率效应显著（b_1=-24.383，$P<$0.01），乡村振兴战略与生态建设系统的交互项（rural*ecol）对贫困发生率的效应不显著（b_3=-11.424，$P>$0.10）。根据图 5.3 流程，并不能确定金融发展效率借助生态建设系统对贫困发生率的中介效应未受到调节。使用 Bootstrap 法计算 a_1b_3、a_3b_1 和 a_3b_3 的置信区间，通过 Mplus 程序计算得到系数乘积 95% 的置信区间为：a_1b_3 为 [-19.869，28.496]，a_3b_1 为 [-33.359，173.214]，a_3b_3 为 [-115.249，19.228]。因为 a_1b_3、a_3b_1 和 a_3b_3 置信区间都包括了 0，需进一步检验，在 R 值范围内计算中介效应二次函数（a_1+a_3R）（b_1+b_3R）的最大值和最小值，通过 Bootstrap 计算得出最大值和最小值之差的置信区间包括了 0，即 95% 置信区间为 [-26.298，39.564]，确定中介效应未受到调节，即金融发展效率借助生态建设系统对贫困发生率中介效应的前、后半路径都没有受到乡村振兴战略的调节。将 a_3 和 b_3 确定为 0 重新估计，获得中介效应：（-1）*a_1b_1=4.569，通过总效应回归模型计算获得总效应 c=11.627，中介效应占总效应的比为：a_1b_1/c=（4.569/11.627）*100%=39.296%。统计结果说明金融发展效率借助生态建设系统对贫困发生率的中介效应没有受到乡村振兴战略的调节，即随着乡村振兴战略提出和实施，生态建设路径上，金融发展效率支持贫困减缓的间接效应和直接效应维持不变。

表5.13　金融减贫效应中的生态建设中介效应检验

变量	金融发展规模		金融发展效率	
	（ecol）	（pov）	（ecol）	（pov）
scale	0.168 （0.565）	−4.718 （14.387）		
effi			0.001 （1.108）	−3.580 （14.156）
rural	1.030 （9.335）	−130.197 （292.722）	0.224 （2.212）	−122.813 （247.278）
scale*rural	1.358 （10.834）			
effi*rural			0.186 （3.213）	
ecol		−24.546* （13.255）		−24.383*** （9.456）
ecol*rural		−12.292 （28.228）		−11.424 （23.735）
road	0.468** （0.226）	−1.821 （8.665）	0.463** （0.226）	−2.005 （7.750）
indu	−0.000 （0.018）	0.259 （0.521）	−0.003 （0.021）	0.159 （0.452）
open	0.012 （0.035）	−0.403 （0.773）	0.009 （0.038）	−0.292 （0.709）
fina	0.021 （0.043）	−2.078** （0.942）	0.031 （0.057）	−2.361** （1.030）
towns	0.044 （0.037）	−0.622 （0.841）	0.520** （0.036）	−0.435 （0.774）
_cons	4.680*** （1.199）	294.491*** （70.566）	4.607*** （1.463）	293.179*** （50.590）
个体效应	控制	控制	控制	控制
时间效应	控制	控制	控制	控制
N	126	126	126	126
r^2	0.9846	0.9943	0.9835	0.9945
F	897.08	2133.07	833.89	1980.72

注：*、**、***分别表示在10%、5%、1%的水平上显著；括号内为标准误。

5.2.3　实证结果分析

通过调节的中介效应分析我们发现，青海农牧区金融支持对贫困减缓的中介效应（系数 b_1 显示出一定的显著性且符号方向为负）与直接效应并存，可以分别计算出不同路径上中介效应在总效应中的占比。研究中也发现乡村振兴战略一定程度上调节了金融支持减贫的中介效应，但调节作用发挥有限的原因是：一方面，目前刚刚走完乡村振兴战略"三步走"的第一阶段，制度框架、政策体系仍需进一步健全完善，同时政策作用本身也是存在一定"时滞"的；另一方面，地区发展底子薄，与相对发达地区相比存在差距，政策实施效果呈现周期必然更长，因此在青海农牧区，乡村振兴战略实施的调节作用目前尚未完全显现是可以理解的。随着乡村振兴战略的深入实施，地区金融服务乡村振兴能力的不断提升，积极的调节作用定会逐步加强。

总体上讲，对于贫困发生率来说，核心解释变量与中介变量对其负向影响，中介变量和乡村振兴的交互项系数符号也均为负；对于中介变量来说，金融发展以及金融发展与乡村振兴的交互项对其正向影响，两方面结果说明金融发展借助中介路径确实对贫困减缓具有正向促进作用。

从反映"量"变的金融发展规模看，乡村振兴要求金融大力支持"三农、三牧"发展，农牧区金融规模扩大，最直接的表现是拉近了（农）牧民与金融的距离，因为各类惠民金融网点的增多，金融资源集聚功能会随着（农）牧民的储蓄和相关业务的办理增多而提升，改善资本的流动性，让（农）牧民有了更多金融选择的可能，通过金融"活源"改善农牧业边际生产率，实现（农）牧民增收，达到减贫的效果较为直接，因此目前乡村振兴战略的调节作用在金融发展规模上是有所体现的。

从反映"质"变的金融发展效率看，乡村振兴下效率反映的是高质量，对应的是民生福祉的改善，这种提升不是一蹴而就的，因此乡村振兴战略的调节作用目前并未在效率上有所体现。农牧区金融发展效率提升，直接表现就是投资转化率提高，适宜高原特色生态农牧产业的项目贷款、工程贷款等，适合（农）牧民发展的"双基联动"合作贷款 ^①、"四级联动"免反担保贷款 ^② 等，助力乡村振兴的"富民贷"等，系列金融"活水"的创新都说明（农）牧民的幸福感在加强，所以未来随着乡村振兴战略的深入，通过金融发展效率提升并借助经济、社会、生态传导路径改善民生福祉，进而改善（农）牧民发展现状，这将更有现实意义。

就青海农牧区发展实际来讲，唯有农牧区、农牧业的全面振兴才是新时代现代化实现的基础。金融发展牢抓新时代西部大开发、黄河流域生态保护和高质量发展等重大战略机遇是关键 ^③，唯有这样才能为加快实现"绿色发展的现代化新青海、生态友好的现代化新青海"提供强力金融支撑，才能谱写好新时代现代化的青海篇章，对标理论层面，一是站位生态价值，以绿色发展的指向支持实现人与自然的共生共荣；二是正视人才短板，以创新开放发展的指向支持健全人才发展体制机制；三是聚焦基本公共服务差距，以协调共享发展的指向支持建设文明和谐、人民幸福、政治清明的现代化新青海 ^④。可以看出未来地区发展过程中，青海省政府的发展思路是多侧重推动社会进步、促进生态文明，对于不能以牺牲"生态价值"来换取经济发展的青海省来说，这是现实选择，也是责任与担当，因此金融发展借助这两条路径发挥减贫的中介效应是显著的。但同时社会进步、生态文明必然对金融发展提出了更多"质"的要求，以更好贴合高质量发展，那么借助社会进步、生态建设两个路径发挥强力金融支撑作用，金融效率的改善对支持地区发展来讲更为重要，这也是青海农牧区金融良性发展需要重点突破并加强的环节。

综合直接效应分析和调节的中介效应分析，可以总结全面乡村振兴视阈下，金融更要良性发展，要时刻与国家和地区发展目标"一条心"，金融发展"质""量"

---

① 中华人民共和国中央人民政府网 . 青海"双基联动"合作贷款惠及 60 余万农牧民 [EB/OL]. http : // www.gov.cn/xinwen/2017-09/16/content_5225556.htm. [2017-09-16].

② 中华人民共和国中央人民政府网 . 青海省"四级联动"创新贫困地区小额贷款模式 [EB/OL]. http : // www.gov.cn/govweb/jrzg/2012-01/10/content_2041264.htm. [2012-01-10].

③ 百度 . 为建设现代化新青海提供强力金融支撑 [EB/OL]. https : //baijiahao.baidu.com/s?id=1735207119746 417669&wfr=spider&for=pc. [2022-06-10].

④ 青海学习报 . 助推"六个现代化新青海"建设 [N/OL]. http : //www.qhswdx.com/info/1956/15493.htm. [2023-05-10].

并进，才能更好地发挥好其支持减贫的直接效应和间接效应。

5.3　金融支持减贫的门槛效应

5.3.1　门槛模型设定

根据以上分析得出以经济增长系统、社会发展系统和生态建设系统为中介传导途径时，金融发展规模或金融发展效率均具有支持的减贫效应。接下来集中解决支持作用是否有条件门槛的问题，本研究选用面板门限回归模型进一步展开分析，研究经济增长系统、社会发展系统和生态建设系统分别作为门槛时，金融支持贫困减缓的门槛特征及差异。模型设定如公式 5-17 至 5-22：

$$pov_{it}=C+\beta_1 scale_{it}+\beta_{21}\mathrm{lnecon}_{it}I(\mathrm{lnecon}_{it}<\gamma_1)+\beta_{22}\mathrm{lnecon}_{it}I(\gamma_1\leq\mathrm{lnecon}_{it}<\gamma_2)$$
$$+\cdots+\beta_3\mathrm{lnroad}_{it}+\beta_4 indu_{it}+\beta_5 open_{it}+\beta_6 fina_{it}+\beta_7 towns_{it}+\varepsilon_{it} \quad (5-17)$$

$$pov_{it}=C+\beta_1 effi_{it}+\beta_{21}\mathrm{lnecon}_{it}I(\mathrm{lnecon}_{it}<\gamma_1)+\beta_{22}\mathrm{lnecon}_{it}I(\gamma_1\leq\mathrm{lnecon}_{it}<\gamma_2)$$
$$+\cdots+\beta_3\mathrm{lnroad}_{it}+\beta_4 indu_{it}+\beta_5 open_{it}+\beta_6 fina_{it}+\beta_7 towns_{it}+\varepsilon_{it} \quad (5-18)$$

$$pov_{it}=C+\beta_1 scale_{it}+\beta_{21}soci_{it}I(soci_{it}<\gamma_1)+\beta_{22}soci_{it}I(\gamma_1\leq soci_{it}<\gamma_2)$$
$$+\cdots+\beta_3\mathrm{lnroad}_{it}+\beta_4 indu_{it}+\beta_5 open_{it}+\beta_6 fina_{it}+\beta_7 towns_{it}+\varepsilon_{it} \quad (5-19)$$

$$pov_{it}=C+\beta_1 effi_{it}+\beta_{21}soci_{it}I(soci_{it}<\gamma_1)+\beta_{22}soci_{it}I(\gamma_1\leq soci_{it}<\gamma_2)$$
$$+\cdots+\beta_3\mathrm{lnroad}_{it}+\beta_4 indu_{it}+\beta_5 open_{it}+\beta_6 fina_{it}+\beta_7 towns_{it}+\varepsilon_{it} \quad (5-20)$$

$$pov_{it}=C+\beta_1 scale_{it}+\beta_{21}\mathrm{lnecol}_{it}I(\mathrm{lnecol}_{it}<\gamma_1)+\beta_{22}\mathrm{lnecol}_{it}I(\gamma_1\leq\mathrm{lnecol}_{it}<\gamma_2)$$
$$+\cdots+\beta_3\mathrm{lnroad}_{it}+\beta_4 indu_{it}+\beta_5 open_{it}+\beta_6 fina_{it}+\beta_7 towns_{it}+\varepsilon_{it} \quad (5-21)$$

$$pov_{it}=C+\beta_1 effi_{it}+\beta_{21}\mathrm{lnecol}_{it}I(\mathrm{lnecol}_{it}<\gamma_1)+\beta_{22}\mathrm{lnecol}_{it}I(\gamma_1\leq\mathrm{lnecol}_{it}<\gamma_2)$$
$$+\cdots+\beta_3\mathrm{lnroad}_{it}+\beta_4 indu_{it}+\beta_5 open_{it}+\beta_6 fina_{it}+\beta_7 towns_{it}+\varepsilon_{it} \quad (5-22)$$

公式中：$I(\cdot)$ 为示性函数；γ 为门限值，因为事先不知道有多少个门槛，所以公式中仅显示了左端的情况，具体门槛特征如何，需通过检验得出；β_{21}、β_{22}……为待估系数；其他变量含义参照前述内容。

5.3.2　门槛效应检验

依据公式 5-17 至 5-22，研究以自助法（Bootstrap）抽样进行门槛效应检测获得临界值，随即进行显著性检验（Hansen, 1999）[213]，门限估计结果如表 5.14、5.15

和 5.16 所示。首先，经济增长作为门槛时，仅金融发展规模存在门槛效应，支持减贫作用呈双门槛特征，两个值分别为 8.721（且 $P < 0.10$）、8.028（且 $P < 0.05$），三重门槛特征并不显著。其次，社会发展作为门槛时，金融发展规模和效率均具有门槛效应，但门槛特征不同：金融发展规模支持减贫作用呈双门槛特征，两个值分别为 5.663（且 $P < 0.01$）、6.935（且 $P < 0.01$），三重门槛特征并不显著；金融发展效率呈单门槛特征，门槛值为 6.935（且 $P < 0.01$），双门槛和三重门槛特征并不显著。最后，生态建设作为门槛时，仅金融发展规模存在门槛效应，支持减贫作用呈双门槛特征，两个值分别为 5.441（且 $P < 0.05$）、5.192（且 $P < 0.01$），三重门槛特征并不显著。

表5.14 金融发展减贫效应中的经济增长门槛效应检验

门槛数	金融发展规模				金融发展效率			
	P值	F值	R^2	门槛值	P值	F值	R^2	门槛值
单一门槛	0.087*	975.620	0.885	8.721	0.337	882.95	0.886	8.858
双重门槛	0.030**	1004.790	0.890	8.028	0.150	854.371	0.890	8.173
三重门槛	0.873	1067.891	0.910	9.152	0.657	830.110	0.904	9.142

注：*、**、*** 分别表示在10%、5%、1%的水平上显著。

表5.15 金融发展减贫效应中的社会发展门槛效应检验

门槛数	金融发展规模				金融发展效率			
	P值	F值	R^2	门槛值	P值	F值	R^2	门槛值
单一门槛	0.000***	1149.721	0.910	5.663	0.000***	1069.330	0.912	6.935
双重门槛	0.007***	1237.670	0.931	6.935	0.143	1068.130	0.928	5.663
三重门槛	0.893	1307.171	0.941	4.117	0.920	1072.540	0.941	4.117

注：*、**、*** 分别表示在10%、5%、1%的水平上显著。

表5.16 金融发展减贫效应中的生态建设门槛效应检验

门槛数	金融发展规模				金融发展效率			
	P值	F值	R^2	门槛值	P值	F值	R^2	门槛值
单一门槛	0.040**	1073.760	0.903	5.441	0.143	934.940	0.900	5.487
双重门槛	0.000***	1186.381	0.913	5.192	0.003***	962.950	0.911	5.192
三重门槛	0.870	1321.530	0.949	5.666	0.863	979.160	0.944	5.621

注：*、**、*** 分别表示在10%、5%、1%的水平上显著。

为了直观展示青海农牧区金融支持减贫效应的门槛特征，进一步绘制似然比趋势图（图5.4-5.7）。

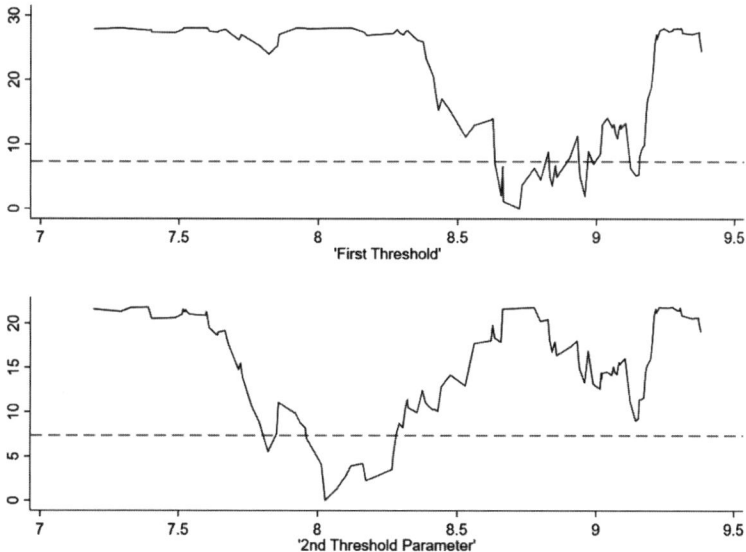

图5.4 经济增长的两个门槛估计值和置信区间（金融规模减贫效应）

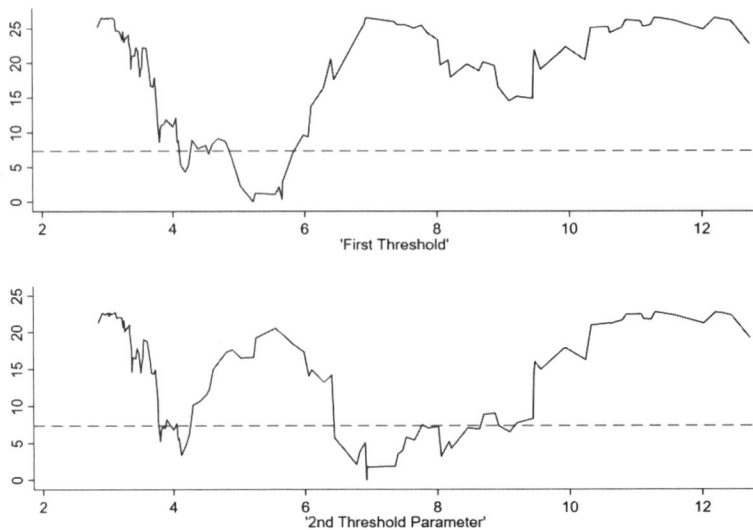

图5.5　社会发展的两个门槛估计值和置信区间（金融规模减贫效应）

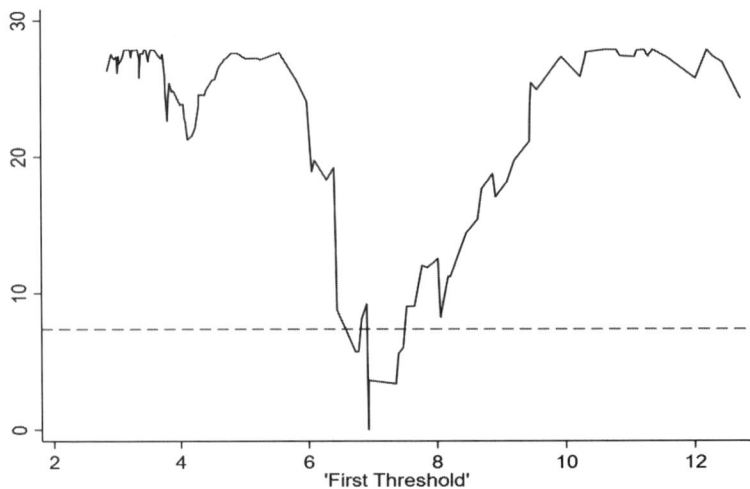

图5.6　社会发展的一个门槛估计值和置信区间（金融效率减贫效应）

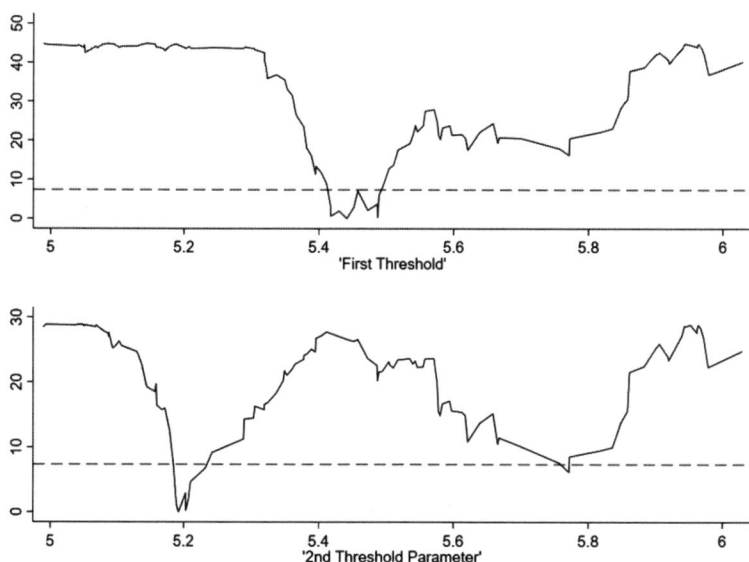

图5.7　生态建设的两个门槛估计值和置信区间（金融规模减贫效应）

5.3.3　实证结果分析

回归结果详见表 5.17—5.20，门槛效应结果解读如下：

门槛设定为经济增长时，仅金融发展规模存在门槛效应，支持减贫作用呈双门槛特征，两个值分别为 8.721、8.028。由表 5.17 可知，两个门槛将支持效应划分为三个区域。从显著性来看，经济增长跨越第一门槛值 8.028 之前，核心解释变量的 P 值 < 0.01，即金融规模扩大能发挥显著减贫效应。跨越第一门槛，门槛值介于 8.028~8.721 之间，金融支持减贫的作用显著（$P < 0.01$）。跨越第二门槛后，显著性水平明显降低（$P > 0.10$），显著性水平下降，说明支持作用在减弱；从弹性系数的方向和大小看，三个区域的系数方向均为负（对减贫来说属于正向积极作用），表明处于经济发展的不同周期，金融发展规模的扩大均能支持减贫，只是弹性系数的绝对值有下降趋势，经济增长在 8.028 以下时，系数为 –22.825，经济增长介于 8.028~8.721 时，系数为 –13.960，经济增长高于等于 8.721 时，系数为 –4.667，绝对值不同阶段内依次减少，也证明了支持的作用力在减弱。背后的原因可解释为：

111

伴随经济增长，（农）牧民收入改善，消费结构调整，受国家倡导的新消费观影响，人们不再像过去一样盲目储蓄，而是调整增加其他消费的比重，储蓄直接反映金融发展规模，如此一来，金融发展规模促进减贫增收的效果随经济发展水平层次的提高，显著性降低，影响力减小，不过始终还是存在正向促进作用的。

表5.17　基于经济增长变量下的金融发展规模门槛模型和线性模型估计

模型变量	门槛模型	线性模型
econ（econ<8.028）	−22.825*** （4.250）	
econ（8.028≤econ<8.721）	−13.960*** （4.073）	−0.556** （0.269）
econ（econ≥8.721）	−4.667 （3.769）	
scale	−13.429*** （1.772）	−0.556* （0.334）
road	−6.415*** （1.705）	−17.353*** （2.962）
indu	0.026 （0.046）	0.078* （0.047）
open	−1.415*** （0.368）	−3.141*** （0.562）
fina	−0.578 （0.492）	−5.294*** （0.628）
towns	−1.136*** （0.139）	−0.225 （0.158）
_Cons	149.083*** （10.279）	222.018*** （14.567）

注：*、**、***分别表示在10%、5%、1%的水平上显著；括号内为标准误。

将社会发展视为门槛时，两个核心解释变量均具有门槛效应。

首先看规模，金融发展规模呈双门槛特征，两个值别为5.663、6.935。由表5.18所示，两个门槛将支持效应划分为三个区域。从显著性和方向来看，三个区域的系数的P值均<0.01，并且均呈负系数，可以认为处在社会发展的不同周期上，金融发展规模的扩大都能发挥显著减贫效应；从系数绝对值大小变化看，社会发展跨越第一门槛值5.663之前，系数为−8.701，当跨越第一门槛，门槛值介

于5.663–6.935之间时,系数为–13.822,跨越第二门槛值6.935之后,系数为–7.668,系数绝对值先增后减,支持减贫的作用呈明显的倒"U"型,背后的原因可解释为:伴随社会的进步,(农)牧民生活有了明显改善,他们更多增加了与金融机构的联系,金融服务与金融资源惠及更广泛、可得性提升,能较好满足发展的需要,相应地改善贫困;随着社会的持续发展,也会出现与前述相类似的情况,社会发展的不断进步,使人们对金融服务供给方向和方式的要求产生变化,非"精准"的金融供给,规模再大也不能有效满足需要,金融发展规模扩大促进减贫增收的效果也会减弱。

表5.18　基于社会发展变量下的金融发展规模门槛模型和线性模型估计

模型变量	门槛模型	线性模型
soci（soci<5.663）	−8.701*** （3.332）	−3.171*** （0.232）
soci（5.663≤soci<6.935）	−13.822*** （2.945）	
soci（soci≥6.935）	−7.668*** （2.644）	
scale	−3.595*** （0.263）	−11.982*** （4.377）
road	−6.642*** （1.290）	−13.228*** （1.603）
indu	0.172*** （0.038）	−0.031 （0.029）
open	0.028 （0.268）	−0.576 （0.395）
fina	−0.960*** （0.299）	−2.873*** （0.387）
towns	−0.390*** （0.123）	0.027 （0.081）
_Cons	127.232*** （7.890）	170.994*** （8.994）

注：*、**、***分别表示在10%、5%、1%的水平上显著；括号内为标准误。

其次看效率。金融发展效率具有单门槛特征,门槛值为6.934。由表5.19可知单门槛将支持效应划分成两个区域。从显著性看,两个区域的系数中,一个系数的P值< 0.01,另一个系数的P值< 0.05,表明均具有显著作用效果,但显著

性下降表明支持的作用力有所下降；从系数方向看，一个区域为负系数，一个区域为正系数，可以认为处于社会发展的不同周期，金融发展效率与贫困减缓前期是促进，后期是削弱；从弹性系数方向看，社会发展跨越门槛值 6.934 之前，系数为 –9.077 小于 0，跨越门槛后，系数变为 4.646 大于 0，绝对值在减小，系数先负后正，支持减贫的作用呈明显的倒"V"型，背后的原因可解释为：社会的进步对金融效率的改进提出了更高的要求，符号由负转正，说明需要金融"高质量"发展、效率发展，这是必要也是必须。

表5.19　基于社会发展变量下的金融发展效率门槛模型和线性模型估计

变量	门槛模型	线性模型
soci（soci＜6.935）	–9.077*** （2.652）	–3.192*** （0.243）
soci（soci≥6.935）	4.646** （2.153）	
effi	–3.824*** （0.267）	–3.089* （1.808）
road	–10.096*** （1.045）	–16.783*** （1.035）
indu	0.212*** （0.040）	–0.029 （0.030）
open	–0.332 （0.267）	–1.123*** （0.412）
fina	–1.044*** （0.315）	–3.127*** （0.386）
towns	–0.425*** （0.315）	0.027 （0.083）
_Cons	142.866*** （7.119）	189.779*** （5.700）

注：*、**、*** 分别表示在 10%、5%、1% 的水平上显著；括号内为标准误。

门槛设定为生态建设时，仅金融发展规模存在门槛效应，支持减贫作用呈双门槛特征，两个值分别为 5.192、5.441。由表 5.20 可知，门槛值将金融支持效果划分为三个区域。从显著性来看，三个区域的系数中，有两个系数的 P 值 < 0.01，

一个系数的 P 值＜0.05，说明金融规模扩大可显著发挥作用，但作用力进入第三区域后开始减弱；从系数方向看，三个区域均呈负系数，说明生态建设处于不同的发展周期，金融发展规模都可以正向促进贫困减缓；从弹性系数的绝对值大小看，生态建设跨越门槛值 5.192 之前，系数为 –16.459，当跨越第一门槛，门槛值介于 5.192~5.441 之间时，系数为 –10.865，跨越门槛值 5.441 后，系数为 –5.446，绝对值分阶段依次减少。门槛回归结果展示了跨越门槛后，金融支持作用弱化的问题，综合看背后的原因可解释为：生态建设日趋完善，生态文明建设观、绿色发展观深入人心，人们的消费观开始改变，同时伴随生态环境的变好，具备更多生态价值的产业发展欣欣向荣，对人们的消费结构产生深刻影响，比如增加生态等方面的消费，这样一来，传统发展模式下的金融规模扩大对减贫的促进效果会减弱。

表5.20　基于生态建设变量下的金融发展规模门槛模型和线性模型估计

变量	门槛模型	线性模型
ecol（ecol＜5.192）	–16.459*** （2.492）	–38.280*** （2.242）
ecol（5.192≤ecol＜5.441）	–10.865*** （2.481）	
ecol（ecol≥5.441）	–5.446** （2.476）	
scale	–29.580*** （2.595）	–12.300*** （3.781）
road	–5.897*** （1.048）	–7.403*** （1.484）
indu	–0.062** （0.030）	–0.194*** （0.029）
open	–0.586** （0.242）	–0.511 （0.338）
fina	–2.610*** （0.276）	–3.987*** （0.306）
towns	–0.330** （0.109）	–0.115* （0.068）
_Cons	279.939*** （11.200）	339.716*** （9.952）

注：*、**、*** 分别表示在 10%、5%、1% 的水平上显著；括号内为标准误。

此外，本研究将金融支持减贫的门槛模型回归结果与线性模型（线性模型的构建与回归结果见附录）的回归结果进行了比较（表5.17—5.20），发现分析结果能够体现出金融支持减贫正向积极作用，因为核心解释变量系数为负，且均具有一定程度的显著性。但门槛模型回归结果给我们一个启示，即金融支持减贫的促进作用程度上并不是一直加强的，金融发展规模支持减贫呈倒"U"型、金融发展效率支持减贫呈倒"V"型的结论，说明门槛分析更强调了跨越门槛后金融发展需要改良，唯有这样金融支持减贫的效果才能更好。

5.3.4 各自治州门槛效应差异

根据以上结果，本研究接下来进一步分析青海6个自治州的金融减贫效果，发现不同时间段上、不同发展阶段上的门槛效应存在地区差异。从表5.21—5.24的实证结果可以看出，2000—2021年6个自治州在不同门槛区间的经济增长、社会发展和生态建设水平表现存在差异，跨越门槛的时间各有不同。

以经济增长为门槛变量（表5.21），总体上看，海西州经济发展的相对较快，一开始就处于第二区域水平段，2009年跨越第二门槛值；海北州，海南州和黄南州在2007年跨越第一门槛值，2011年跨越第二个门槛值；玉树州2008年才跨越第一门槛的位置，2014年跨越第二个门槛值；果洛州2009年才跨越第一门槛的位置，2012年跨越第二个门槛值。

表5.21 基于经济增长变量下的金融发展规模减贫效应的地区差异

门槛水平	不同门槛水平所对应的自治州		
	econ < 8.027	8.027≤econ < 8.721	econ≥8.721
海西蒙古族藏族自治州	—	2000–2008	2009–2021
海北藏族自治州	2000–2006	2007–2010	2011–2021
海南藏族自治州	2000–2006	2007–2010	2011–2021
黄南藏族自治州	2000–2006	2007–2010	2011–2021
果洛藏族自治州	2000–2008	2009–2011	2012–2021
玉树藏族自治州	2000–2007	2008–2014	2014–2021

以社会发展为门槛变量，金融发展规模和效率都具有门槛效应，需要分开分析。金融发展规模减贫效应的地区差异表现为（表5.22）:海南州，黄南州，海北州，依次分别在2014年、2015年和2016年跨越第一门槛值，接着都在2017年跨越第二个门槛值；玉树州和果洛州都在2017年跨越第一门槛值，在2018年跨越第二个门槛值；海西州在2016年直接跨越第一门槛值和第二个门槛值，进入到第三区域。

金融发展效率只有一个门槛，其减贫效应的地区差异表现为（表5.23）:海西州和黄南州都在2011年跨越门槛值；海南州在2012年跨越门槛值；海北州和玉树州在2013年跨越门槛值;果洛州最晚，在2014年才跨越门槛值，进入第二区域。

表5.22　基于社会发展变量下的金融发展规模减贫效应的地区差异

门槛水平	不同门槛水平所对应的自治州		
	soci < 5.663	5.6630≤soci < 6.935	soci≥6.935
海西蒙古族藏族自治州	2000–2015	—	2016–2021
海北藏族自治州	2000–2015	2016	2017–2021
海南藏族自治州	2000–2013	2014–2016	2017–2021
黄南藏族自治州	2000–2014	2015–2016	2017–2021
果洛藏族自治州	2000–2016	2017	2018–2021
玉树藏族自治州	2000–2016	2017	2018–2021

表5.23　基于社会发展变量下的金融发展效率减贫效应的地区差异

门槛水平	不同门槛水平所对应的自治州	
	soci < 6.935	soci≥6.935
海西蒙古族藏族自治州	2000–2010	2011–2021
海北藏族自治州	2000–2012	2013–2021
海南藏族自治州	2000–2011	2012–2021
黄南藏族自治州	2000–2010	2011–2021
果洛藏族自治州	2000–2013	2014–2021
玉树藏族自治州	2000–2012	2013–2021

以生态建设为门槛变量（表5.24）相比较看：黄南州表现得更为优异，分别于 2002 和 2007 年跨越第一门槛值和第二门槛值。调研中也发现相较于其他几个自治州，黄南藏族自治州在生态建设方面具有优势，水平领先，2021 年青海省黄南藏族自治州获批"国家生态文明建设示范区"。海南州分别于 2005 和 2009 年跨越第一门槛值和第二门槛值。海北州和玉树州都是在 2007 年跨越第一门槛值，在 2011 年跨越第二门槛值。果洛州分别于 2007 和 2013 年跨越第一门槛值和第二门槛值。海西州分别于 2007 和 2012 年跨越第一门槛值和第二门槛值。

表5.24　基于生态建设变量下的金融发展规模减贫效应的地区差异

门槛水平	不同门槛水平所对应的自治州		
	ecol < 5.192	5.1923≤ecol < 5.441	ecol≥441
海西蒙古族藏族自治州	2000–2006	2007–2011	2012–2021
海北藏族自治州	2000–2006	2007–2010	2011–2021
海南藏族自治州	2000–2004	2005–2008	2009–2021
黄南藏族自治州	2000–2001	2002–2006	2007–2021
果洛藏族自治州	2000–2006	2007–2012	2013–2021
玉树藏族自治州	2000–2006	2007–2010	2011–2021

综合各州门槛效应分析结果，我们发现：

门槛变量设定为经济增长时，海西州金融支持减贫的作用表现得最好，这是因为海西州纵横八百里的柴达木盆地，资源禀赋丰厚，同时盐湖经济、循环经济发展良好，长期以来就拥有独一无二的工业产业发展优势，历年间地区生产总值、人均生产总值稳居6州之首，也是青海省发展工业经济的"主战场"和源头所在[1]，在全省经济发展中贡献作用仅次于省会西宁。金融发展借助经济增长这个路径发挥支持减贫的积极作用在海西州最具成效。

门槛变量设定为社会发展时，金融发展规模发挥减贫效应，作用效果排在第

---

[1] 中国藏族网通. 挥洒转型之笔书写高质量篇章——"非凡十年看青海"之海西篇 [EB/OL]. https : //www.tibet3.com/news/zangqu/qh/2022-10-10/291104.html. [2022-10-10].

一阵营的分别是海南州、黄南州和海北州，而海西州属于后来居上型；金融发展效率发挥减贫效应，黄南州作用效果最好，海西州的表现也不错。原因是：海南州一直以来都非常重视抓党建工作质量水平，特别是"组织体系建设三年行动"成效显著，坚强的组织力量[①]保障了海南州社会各项事业发展；黄南州近年来一直致力于打造青海省"共同富裕样板"，围绕"六稳""六保"[②]，地区的公共服务的量和质飞跃提升；海北州近年来一直在全力打造青海省"基层组织建设新高地"，通过"五项建设""五项行动"[③]不断在服务机制上想办法、搞创新，地区基层服务群众模式生机盎然。相较其他几个自治州，海南州、黄南州和海北州都在党组织建设、社会服务建设、民生福祉方面走在了前列，因此金融发展借助社会发展这个路径，发挥减贫效应在这些地区效果更明显。

门槛变量设定为生态建设时，依旧是黄南州金融支持减贫的作用表现得最好，这是因为黄南州是"国家生态文明建设示范区"，一直以来都在着力融进"青藏高原国家公园群建设"[④]，是青海省"三江源"生态安全保护的主战场[⑤]。相比其他几个自治州，黄南州生态文明建设一直水平领先，因此金融发展借助生态建设这个路径，发挥减贫效应在黄南州效果最突出。

同时，无论是倒"U"型的门槛特征，还是倒"V"型门槛特征，都突出强调了金融支持作用在跨越门槛前后的不同，跨越门槛后金融支持减贫的作用是弱化的，说明良性金融发展的必要性。各自治州越早跨过门槛，就越早意识到良性金融发展对实现地区综合目标支持的重要性。

---

① 中国新闻网．青海省海南州：奋力推进机关党建高质量发展[EB/OL]. http://www.qh.chinanews.com.cn/qhgd/news/2023/0114/111637.html. [2023-01-14].

② 黄南报．走出新时代黄南高质量发展之路[N/OL]. http://hnb.huangnan.gov.cn/content/2023-01/10/010378.html. [2023-01-10].

③ 中国藏族网通．海北州经济社会高质量发展工作综述[EB/OL]. https://www.tibet3.com/news/zangqu/qh/2021-06-29/226532.html. [2021-06-29].

④ 黄南报．走出新时代黄南高质量发展之路[N/OL]. http://hnb.huangnan.gov.cn/content/2023-01/10/010378.html. [2023-01-10]

⑤ 中华人民共和国生态环境部．国家生态文明建设示范区——青海黄南藏族自治州[EB/OL]. https://www.mee.gov.cn/ywgz/zrstbh/stwmsfcj/202203/t20220329_972999.shtml. [2022-03-29]

5.4 本章小结

本章主要是对金融支持减贫效应进行重点实证分析，也是论文最核心的部分，详细说明了地区金融支持减贫的直接效应、中介效应和门槛效应。利用青海农牧区整体和各州（地、市）面板数据展开系列效应分析：首先，运用静态面板模型，验证了金融发展对于减贫的直接效应。其次，通过政策性金融和商业性金融支持减贫效应的对比分析，得出有效激发商业性金融的活跃度与参与性，才是破解地区发展瓶颈的有效突破口，从而加强确认本研究主要关注商业性金融支持的研究思路。接着，运用调节的中介效应模型分析青海农牧区金融支持减贫的中介效应，并测算出了金融发展规模和金融发展效率通过经济增长、社会发展和生态建设三重路径发挥减贫效应的中介效应大小，同时说明了乡村振兴战略的调节情况。最后，运用面板门限回归模型探究地区整体以及辖内 6 个自治州金融减贫的门槛效应，并将门槛模型分析结果与线性模型分析结果进行对此，进一步说明金融支持减贫的中介效应存在，但在不同路径上的支持效果在跨越门槛前后是不同的。

至此，通过一系列的研究我们发现金融支持减贫有显著作用，且直接支持效应和间接支持效应是同时存在的。门槛效应的分析说明金融发展有效实现贫困减缓是具有不同门槛特征的。接下来有必要换个角度说明金融支持作用如何才能称之为有效，特别是全面乡村振兴下兼顾"全"与"面"的发展要求是否能达到，这就必须考虑金融发展要素是否与地区发展目标相一致，是否能与其他重要发展要素协调互促，这也是金融良性发展的具体体现，为了说明这一问题，使分析更加完整，本研究第六章将重点围绕协调性问题展开研究。

第6章　全面乡村振兴下
"金融—经济—社会—生态"协调性研究

减贫最终目标是经济、社会与环境的协调发展，实现共同富裕。金融支持减贫，助力全面乡村振兴，也离不开"和谐"二字，金融发挥有效支持作用是需要与各发展要素协同的，借助"经济—社会—生态"三大变量，研究"金融—经济—社会—生态"的耦合协调性必要且合理。耦合协调研究是近年来诠释各要素发展共赢的热点方法，已有文献主要侧重于研究某一单项指标与发展实现过程中某个方面的发展是否耦合协调。全面乡村振兴，多维促因的耦合协调是发展振兴的终极状态，是目标是任务，也成为本研究明确的研究视角，因此兼顾乡村振兴的"全"与"面"，多维考虑金融与"经济—社会—生态"贯穿论文的上下篇章。国内与扶贫相关的研究多是阐释扶贫方针政策、总结扶贫成效、评价资源支持扶贫效率等，缺乏乡村振兴"全与面"的站位思考，少有金融更好发挥减贫作用需要与"经济—社会—生态"耦合及协调的考量，切入金融，全面综合金融与"经济—社会—生态"四要素，形成"金融—经济—社会—生态"综合系统，分析耦合协调发展的相关研究更是无人涉足。根据2000至2021年的面板数据，创新构建适用地区的耦合协调分析模型，立足青海农牧区，就金融、经济、社会、生态的耦合度与协调发展程度展开实证研究，期为青海省或其他类似民族地区在全面推进乡村振兴战略背景下，金融如何才能更好发挥支持作用提供参考视角。

6.1　耦合协调研究方法

由于学科间的融合发展，耦合协调分析方法逐渐被应用到了经济学领域。乡村振兴视阈下本章集中要解决的是：耦合度测算，依据耦合度高低评判地区金融发展与"经济—社会—生态"发展之间的密切关联度；耦合协调度测算，用该指标度量金融支持减贫过程中，"金融—经济—社会—生态"系统中各要素间的协调性以及和地区发展目标的一致程度，两方面的研究工作集中体现了金融发挥支持作用向协调共赢发展的逻辑变化。

6.1.1 耦合协调模型

在进行耦合度分析前，需要将涉及的相关数据进行熵值法降维处理，经济系统、社会系统和生态系统的处理方式在前面一章已经做了论述（具体参见第五章公式5-4 至 5-9），这里"经济—社会—生态"三大系统降维数据沿用上一章处理的结果。金融发展系统也采用相同方法分别对金融发展规模和金融发展效率进行降维处理并赋权，随即根据所赋权重构建评价函数（U_i）：

$$U_i = \sum_{j=1}^{m} w_j x'_{ij} \tag{6-1}$$

耦合度一般表达：

$$C = \left\{ (U_1 U_2 \cdots U_m) / \left[\pi (U_i + U_j) \right] \right\}^{1/n} \qquad i, j \leq m, \ i \neq j \tag{6-2}$$

借鉴诸多学者关于耦合分析的相关做法，如张学斌等（2014）[214]、任志远等（2011）[215]、白洁等（2010）[216]、李莘等（2014）[217]、樊娜等（2018）[218]，综合考虑后确定本研究适用的耦合协调模型：

$$C = \left\{ \frac{U_1 + U_2 + U_3 + U_4}{\left[(U_1 + U_2 + U_3 + U_4)/4 \right]^4} \right\}^{1/4} \tag{6-3}$$

6-3 式中，U_1、U_2、U_3 和 U_4 分别代表金融发展系统、经济增长系统、社会发展系统和生态建设系统的评价函数。C_i 即为耦合度，数值介于 0-1 之间，C_i 测算值达到 1 时，各待评价系统耦合状态最优；C_i 测算值为 0 时，表明各待评价系统中各要素无序发展毫无联系。区间内，C 的测算值越大，耦合程度越强。

评价各系统的协调状况。仅作耦合度评判是有研究局限的，它并不能反映出贫困减缓进一步实现乡村振兴过程中，"金融—经济—社会—生态"四大系统整体协调、相互促进的水平，尤其是"金融—经济—社会—生态"系统在长达 20 多年里的动态变化过程，因此引出耦合协调度分析模型：

$$D_i = \sqrt{C_i T_i} \tag{6-4}$$

6-4 式中，D_i 即为耦合协调度；C_i 为耦合度；T_i 为乡村振兴视角下，青海农牧区金融发展系统、经济增长系统、社会进步系统和生态建设系统的综合评价指数，体现地区整体发展状况。给出综合评价指数公式：

$$T_i = \alpha U_1 + \beta U_2 + \gamma U_3 + \delta U_4 \tag{6-5}$$

6-5 式中，α、β、γ、δ 为四大待评价系统的系数。金融发挥支持作用对经济增长、社会进步和生态建设至关重要（前述分析中已经证明）；乡村振兴下，经济增长对协调金融发展、促进社会进步以及完善生态建设同等关键；社会进步对金融发展、经济增长和生态建设均有影响，但深刻影响多间接体现；生态建设对金融发展、经济增长及社会进步的作用不是能在短期内直接显现的，作用是持续结果的体现。参照文献以及询问地区专家所得意见，本研究按四系统表现的重要程度以及发挥作用的过程远近进行赋值：$\alpha=0.35$，$\beta=0.35$，$\gamma=0.20$，$\delta=0.10$。

实际上耦合协调函数（D_i）有机综合了青海农牧区金融发展系统、经济增长系统、社会进步系统、生态建设系统的耦合度（C_i）和发展整体水平（T_i）。D_i 的测度值也介于 0-1 之间，如果 D_i 的测算值越靠近 1，则意味着青海农牧区各主要发展要素的协同情况越理想（最理想的情况是测算值为 1）。樊娜等（2018）给出了耦合度和协调性的等级划分判断依据[218]，标准划分如表6.1、表6.2所示。

表6.1 耦合类型判别条件[218]

区间值域	判别类型
C=0	完全不耦合
0<C<0.3	低质耦合
0.3≤C<0.5	颉颃耦合
0.5≤C<0.8	磨合耦合
0.8≤C<1	高质耦合
C=1	完全耦合

表6.2 "金融—经济—社会—生态"四大系统耦合协调类型判别条件[218]

区间	区间值阈	判别条件	判别类型	发展情况
失调区间	0<D≤0.4	0.00—0.09	极度失调	经济发展优先,稍微兼顾社会发展和金融发展,生态发展滞后
		0.10—0.19	重度失调	
		0.20—0.29	中度失调	
		0.30—0.39	轻度失调	
调和区间	0.4<D≤0.6	0.40—0.49	濒临失调	经济发展优先,重视社会发展和金融发展,生态发展受到关注
		0.50—0.59	勉强协调	
		0.60—0.69	初级协调	生态建设获得重视,协调跟进经济、社会和金融发展
协调区间	0.6<D≤1	0.70—0.79	中级协调	
		0.80—0.89	良好协调	"金融—经济—社会—生态"四大系统实现协同
		0.90—1.00	高质协调	

6.1.2 数据来源

指标数据的选取主要围绕青海农牧区金融发展、经济增长、社会进步和生态建设几个层面,力求从不同角度全面分析乡村振兴下,青海农牧区金融支持扶贫的诸多可控因素的耦合协调情况,因此指标数据的来源沿用第五章内容,这样既能保证研究的连贯性与一致性,也能更好说明各发展因素的协调关系(数据来源参见前述)。

6.1.3 指标构建

参考了游新彩(2009)[219]、王碧玉和庞柏林(2005)[220]、孔令强(2006)[221]、王荣党(2006)[222]、樊娜等(2018)[218]的相关研究,本研究切入金融创新构建了四系统综合指标,即"金融—经济—社会—生态",对青海农牧区各主要发展要素的耦合协调情况展开分析,这既体现了系统性,也体现了整体性。

青海农牧区"金融—经济—社会—生态"耦合协调发展指标及含义如表6.3所示。为保证分析连贯,四系统的指标内容是与效应分析一致的,金融发展包括金融机构存款余额/GDP和金融机构年末贷款余额比/存款余额;经济系统包括人均GDP、(农)牧民人均收入、(农)牧民人均消费水平、人均主要工农业产品以及农村人均固定资产；社会系统包括人均受教育年限、养老服务机构数年末数/万人、人均医疗卫生费、乡村从业人数与乡村总人口比值以及科研机构和高校数目；生态系统包括累计水土流失治理面积、自然灾害数（地质＋森林火灾）、鼠害和虫害发生面积、森林覆盖率以及废水排放总量。

　　各指标权重的赋值方法同样采用了熵权法，但是因为加入了金融发展系统，需要重新计算出四系统各评价指标的权重，权重结果如表6.3所示。

表6.3　"金融—经济—社会—生态"各系统变量定义

变量	衡量方式	整体指标权重
金融发展（finadev）	金融机构存款余额/GDP	0.508
	金融机构年末贷款余额比/存款余额	0.492
经济系统（econ）	人均第一产业GDP（元）	0.229
	（农）牧民人均收入	0.164
	（农）牧民人均消费水平	0.176
	人均主要工农业产品 （粮食、油料、水果、牛奶、肉类）产量/千克	0.233
	农村人均固定资产	0.198
社会系统（soci）	人均受教育年限	0.192
	养老服务机构数年末数/万人	0.238
	人均医疗卫生费（元）	0.182
	乡村从业人数与乡村总人口比值	0.213
	科研机构和高校数目	0.175
生态系统（ecol）	累计水土流失治理面积（千公顷）	0.242
	自然灾害数（地质+森林火灾）	0.139
	鼠害和虫害发生面积（千公顷）	0.172
	森林覆盖率	0.193
	废水排放总量	0.254

6.2 实证分析与结果

因为本研究展开耦合度与耦合协调度分析时，切入了金融要素，构建了"金融—经济—社会—生态"综合指标，回归验证过程中可能存在内生性的问题，为了排除这方面的顾虑，对两个核心解释变量分别进行了 Hausman 检验，设定的 H0 假设为"所有的解释变量都是外生的"，通过检验得到的 P 值均 > 0.10 的判断结果（0.784 和 0.976），接受了原假设（H0），说明青海农牧区金融发展（规模和效率）作为核心解释变量是外生的，所以此处耦合协调分析中不存在内生性顾虑。

确定好 2000—2021 年分析时段，排除内生性顾虑后，展开以下工作：根据公式 6-1 至 6-5 的计算公式依次计算出乡村振兴视阈下，青海农牧区金融系统、经济系统、社会系统、生态系统的 U 值、T 值、C 值和 D 值，并根据表 6.1、6.2 的判别标准确定耦合协调类型。

6.2.1 农牧区整体的耦合协调情况

从表 6.4 的结果可以看出，自 2000 年到 2021 年，地区的各主要发展要素的耦合度和耦合协调度逐渐优化，发展态势良好，截至 2021 年，"金融—经济—社会—生态"耦合度达 0.750 以上，实现"磨合耦合"，耦合协调度达 0.800 以上；协调趋势整体呈现调整上升状态（图 6.1）；协调类型历经"极度失调—重度失调—

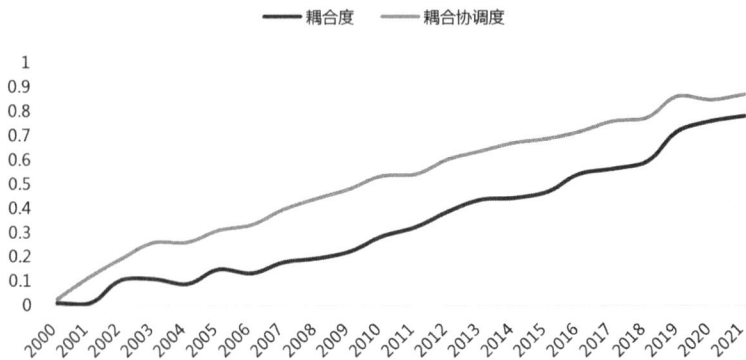

图6.1 青海农牧区2000—2021年"金融—经济—社会—生态"
耦合度和耦合协调度变化趋势

中度失调—轻度失调—濒临失调—勉强协调—初级协调—中级协调—良好协调"9个阶段（表6.4），截至2021年已跨入"良好协调"阶段，数值较高，耦合协调类型较好。综合来看，青海农牧区整体上四大系统密切关联，协同共进。

表6.4 2000—2021年青海农牧区"金融—经济—社会—生态"耦合协调发展水平

年份	U1	U2	U3	U4	T	C	D	协调类型
2000	0.001	0.021	0.001	0.001	0.008	0.012	0.028	极度失调
2001	0.077	0.001	0.008	0.025	0.029	0.011	0.118	重度失调
2002	0.168	0.022	0.018	0.062	0.072	0.107	0.194	重度失调
2003	0.301	0.039	0.033	0.098	0.131	0.11	0.26	中度失调
2004	0.304	0.066	0.045	0.028	0.145	0.089	0.26	中度失调
2005	0.363	0.098	0.052	0.061	0.181	0.15	0.31	轻度失调
2006	0.393	0.127	0.079	0.047	0.209	0.133	0.332	轻度失调
2007	0.384	0.179	0.105	0.166	0.239	0.179	0.396	轻度失调
2008	0.432	0.242	0.129	0.216	0.29	0.194	0.44	濒临失调
2009	0.492	0.293	0.161	0.247	0.337	0.222	0.479	濒临失调
2010	0.528	0.427	0.275	0.196	0.419	0.285	0.534	勉强协调
2011	0.367	0.56	0.319	0.231	0.42	0.322	0.541	勉强协调
2012	0.498	0.639	0.409	0.279	0.518	0.387	0.603	初级协调
2013	0.519	0.705	0.483	0.34	0.568	0.436	0.637	初级协调
2014	0.591	0.74	0.54	0.399	0.62	0.442	0.67	初级协调
2015	0.633	0.755	0.631	0.375	0.66	0.467	0.687	初级协调
2016	0.657	0.83	0.669	0.454	0.708	0.543	0.716	中级协调
2017	0.664	0.848	0.787	0.85	0.774	0.564	0.759	中级协调
2018	0.632	0.879	0.892	0.966	0.804	0.591	0.771	中级协调
2019	0.999	0.999	0.968	0.984	0.992	0.720	0.862	良好协调
2020	0.931	0.946	0.999	0.991	0.957	0.761	0.847	良好协调
2021	0.942	0.961	0.982	0.973	0.978	0.780	0.869	良好协调

6.2.2 6个自治州的耦合协调情况

将研究视角下沉至辖内6州，由图6.2和表6.5可知，2000-2021年，各个自治州的"金融—经济—社会—生态"耦合度和耦合协调度依旧呈现逐年优化向好的趋势，各自治州耦合协调趋势变化（图6.2）与青海农牧区整体变化趋势相符，说明各自治州发展步调与地区整体发展步调是保持一致的。各自治州的协调类型也实现了由"失衡"到"协调"再到"良好协调"的转变。

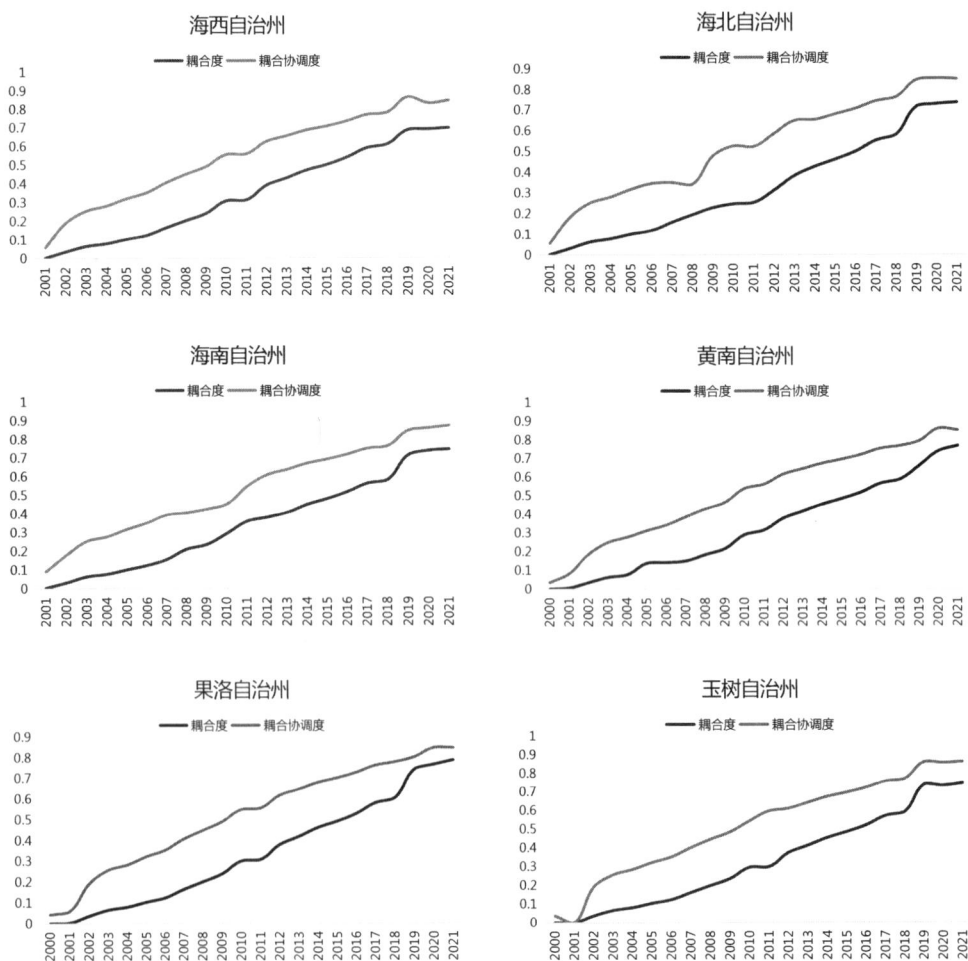

图6.2　2000—2021年青海6个自治州"金融—经济—社会—生态"耦合度和耦合协调度变化趋势

截至 2021 年，各自治州耦合度排名依次为：果洛州（0.786）、黄南州（0.767）、海南州（0.746）、玉树州（0.745）海北州（0.734）、海西州（0.699），其中海西州耦合度较低的原因并不是地区发展在 6 个自治州中表现最差，而是地区三产结构不均衡，二产发展对地区发展具有绝对贡献力。各自治州耦合协调度排名依次为：海南州（0.872）、玉树州（0.861）、海北州（0.851）、黄南州（0.851）、海西州（0.845）、果洛州（0.845），各地区主要发展要素的协调程度大体均衡。以 6 个自治州的平均情况看，耦合度均值达到 0.747，属于"磨合耦合"，耦合协调度均值达到 0.854，属于"良好协调"，各自治州情况与整体一致，也呈现四大系统密切关联、协同共进的局面。

表6.5 2000—2021年青海6个自治州"金融—经济—社会—生态"耦合协调发展水平结果

年份	耦合度C/耦合协调度D/协调类型								
	海西蒙古族藏族自治州			海北藏族自治州			海南藏族自治州		
	C	D	协调类型	C	D	协调类型	C	D	协调类型
2000	0.002	0.041	极度失调	0.001	0.034	极度失调	0.001	0.047	极度失调
2001	0.004	0.060	极度失调	0.004	0.059	极度失调	0.005	0.093	极度失调
2002	0.037	0.192	重度失调	0.034	0.185	重度失调	0.033	0.181	重度失调
2003	0.066	0.256	中度失调	0.065	0.254	中度失调	0.065	0.255	中度失调
2004	0.080	0.283	中度失调	0.08	0.282	中度失调	0.078	0.279	中度失调
2005	0.104	0.322	轻度失调	0.102	0.319	轻度失调	0.102	0.319	轻度失调
2006	0.125	0.353	轻度失调	0.12	0.347	轻度失调	0.125	0.353	轻度失调
2007	0.165	0.406	濒临失调	0.16	0.351	轻度失调	0.156	0.395	轻度失调
2008	0.204	0.452	濒临失调	0.196	0.343	轻度失调	0.211	0.407	濒临失调
2009	0.242	0.492	濒临失调	0.23	0.479	濒临失调	0.236	0.426	濒临失调
2010	0.310	0.557	勉强协调	0.248	0.527	勉强协调	0.295	0.453	濒临失调
2011	0.315	0.561	勉强协调	0.255	0.524	勉强协调	0.361	0.548	勉强协调

续表：

年份	耦合度C/耦合协调度D/协调类型								
	海西蒙古族藏族自治州			海北藏族自治州			海南藏族自治州		
	C	D	协调类型	C	D	协调类型	C	D	协调类型
2012	0.393	0.627	初级协调	0.314	0.586	勉强协调	0.382	0.61	初级协调
2013	0.432	0.657	初级协调	0.384	0.649	初级协调	0.408	0.639	初级协调
2014	0.474	0.688	初级协调	0.428	0.654	初级协调	0.451	0.672	初级协调
2015	0.503	0.709	中级协调	0.462	0.680	初级协调	0.482	0.694	初级协调
2016	0.542	0.736	中级协调	0.5	0.707	中级协调	0.519	0.720	中级协调
2017	0.592	0.770	中级协调	0.553	0.743	中级协调	0.564	0.751	中级协调
2018	0.612	0.782	中级协调	0.582	0.763	中级协调	0.583	0.764	中级协调
2019	0.688	0.865	良好协调	0.716	0.843	良好协调	0.715	0.846	良好协调
2020	0.692	0.832	良好协调	0.729	0.834	良好协调	0.739	0.860	良好协调
2021	0.699	0.845	良好协调	0.736	0.851	良好协调	0.746	0.872	良好协调

年份	耦合度C/耦合协调度D/协调类型								
	黄南藏族自治州			果洛藏族自治州			玉树藏族自治州		
	C	D	协调类型	C	D	协调类型	C	D	协调类型
2000	0.001	0.036	极度失调	0.002	0.044	极度失调	0.001	0.037	极度失调
2001	0.007	0.083	极度失调	0.004	0.060	极度失调	0.001	0.001	极度失调
2002	0.035	0.186	重度失调	0.037	0.192	重度失调	0.037	0.192	重度失调
2003	0.063	0.250	中度失调	0.066	0.258	中度失调	0.066	0.257	中度失调
2004	0.077	0.278	中度失调	0.08	0.283	中度失调	0.081	0.285	中度失调
2005	0.138	0.313	轻度失调	0.104	0.323	轻度失调	0.104	0.322	轻度失调
2006	0.1418	0.343	轻度失调	0.124	0.353	轻度失调	0.124	0.352	轻度失调

续表：

年份	耦合度C/耦合协调度D/协调类型								
	黄南藏族自治州			果洛藏族自治州			玉树藏族自治州		
	C	D	协调类型	C	D	协调类型	C	D	协调类型
2007	0.15	0.387	轻度失调	0.165	0.407	濒临失调	0.162	0.402	濒临失调
2008	0.184	0.429	濒临失调	0.201	0.448	濒临失调	0.199	0.446	濒临失调
2009	0.216	0.465	濒临失调	0.239	0.489	濒临失调	0.236	0.485	濒临失调
2010	0.29	0.539	勉强协调	0.301	0.548	勉强协调	0.296	0.544	勉强协调
2011	0.315	0.562	勉强协调	0.308	0.555	勉强协调	0.299	0.597	勉强协调
2012	0.379	0.616	初级协调	0.379	0.616	初级协调	0.374	0.611	初级协调
2013	0.416	0.645	初级协调	0.418	0.647	初级协调	0.413	0.642	初级协调
2014	0.454	0.674	初级协调	0.461	0.679	初级协调	0.454	0.674	初级协调
2015	0.484	0.695	初级协调	0.491	0.701	中级协调	0.485	0.696	初级协调
2016	0.518	0.720	中级协调	0.528	0.727	中级协调	0.521	0.722	中级协调
2017	0.566	0.753	中级协调	0.579	0.761	中级协调	0.571	0.756	中级协调
2018	0.588	0.767	中级协调	0.603	0.777	中级协调	0.593	0.77	中级协调
2019	0.66	0.793	中级协调	0.741	0.801	良好协调	0.738	0.859	良好协调
2020	0.739	0.826	良好协调	0.765	0.845	良好协调	0.733	0.856	良好协调
2021	0.767	0.851	良好协调	0.786	0.845	良好协调	0.745	0.861	良好协调

综合青海农牧区整体与各州的耦合协调分析结果，可以看出青海农牧区"金融—经济—社会—生态"耦合协调发展程度较好，原因在于自习近平生态文明思想提出后，青海立足"三个最大"省情定位，结合发展站位，切实把乡村振兴下的贫困改善工作落实到了地区发展实际上，充分认识到要把金融支持同经济增长、社会进步和生态环境保护联系起来的重要性，只有如此地区才能最终实现长足发展，金融支持的效果才能最大化，才能向全面乡村振兴更近一步。

6.3 金融发展在耦合协调中的作用

由上述分析结果得出青海农牧区整体与各州的四大发展要素是协调的，但协调关系中金融发展的作用是否重要？是否足够突出？我们将在这里集中探讨这个问题。地区耦合度与协调程度的判别是第一步，耦合协调关系中验证金融支持的重要性是第二步，这部分验证很好地把耦合协调分析与第五章金融支持效应联系过渡起来，凸显出整个发展过程中金融支持的重要性。

耦合协调分析一开始通过 Hausman 检验，已经排除了存在内生性的顾虑。这里进一步通过格兰杰因果检验排除耦合度（C）和耦合协调度（D）对金融发展的反向因果关系，通过检验得出青海农牧区"金融—经济—社会—生态"系统耦合度（C）对金融发展（规模和效益）的 P 值分别为 0.191 和 0.440，"金融—经济—社会—生态"系统耦合协调度（D）对金融发展（规模和效益）的 P 值分别为 0.856 和 0.153，P 值均大于 10% 的判断标准，都接受了原假设（H0），即耦合度（C）和耦合协调度（D）不是金融发展的格兰杰原因。

排除相应顾虑后分析的逻辑是，通过简单的回归分析验证金融在协调发展中的重要性，即如果两个核心解释变量与耦合度（C）和耦合协调度（D）的关系分别都能通过显著性水平检验，则可以判断地区协调发展过程中，金融支持必不可少且十分重要。这样的分析视角拓展延伸了效应分析内容的同时，也为后续全面乡村振兴视阈下地区优化发展对策的提出明确了思路。建立回归展示青海农牧区整体和 6 个自治州耦合协调过程中金融发展的显著作用，实证结果如表 6.6、6.7 所示。

表6.6　2000—2021年青海农牧区金融发展对耦合度和耦合协调度回归分析

变量	耦合度C	耦合协调度D
scale	0.743*** （0.103）	0.989*** （0.068）
effi	0.579*** （0.114）	0.359*** （0.074）
_cons	−0.601*** （0.077）	−0.441*** （0.051）

注：*、**、*** 分别表示在 10%、5%、1% 的水平上显著；括号内为标准误。

表6.7　2000—2021年青海6个自治州金融发展对耦合度和耦合协调度回归分析

变量	海西蒙古族藏族自治州		海北藏族自治州		海南藏族自治州	
	C	D	C	D	C	D
scale	0.855*** （0.102）	1.049*** （0.066）	0.742*** （0.097）	1.015*** （0.067）	0.835*** （0.102）	1.032*** （0.072）
effi	0.435*** （0.111）	0.297*** （0.072）	0.6192*** （0.117）	0.327*** （0.080）	0.396*** （0.123）	0.168* （0.087）
_cons	−0.584*** （0.076）	−0.429*** （0.049）	−0.534*** （0.064）	−0.348*** （0.044）	−0.479*** （0.067）	−0.276*** （0.048）

注：*、**、*** 分别表示在10%、5%、1%的水平上显著；括号内为标准误。

续表：

变量	黄南藏族自治州		果洛藏族自治州		玉树藏族自治州	
	C	D	C	D	C	D
scale	0.589*** （0.098）	0.954*** （0.076）	0.811*** （0.105）	1.051*** （0.065）	0.826*** （0.098）	1.082*** （0.072）
effi	0.537*** （0.094）	0.192** （0.072）	0.672*** （0.140）	0.265*** （0.087）	0.494*** （0.131）	0.182* （0.096）
_cons	−0.423*** （0.042）	−0.243*** （0.033）	−0.603*** （0.076）	−0.327*** （0.047）	−0.529*** （0.068）	−0.311*** （0.050）

注：*、**、*** 分别表示在10%、5%、1%的水平上显著；括号内为标准误。

　　从表中的分析结果可以看出，无论是金融发展规模上，还是金融发展效率上，整个青海农牧区金融与综合系统的耦合度、协调度均存在显著的正相关性，6个自治州金融与综合系统耦合度和协调度也均显著正向相关，加强说明了金融发展的重要性。同时实证结果也再次验证了青海 6 个自治州与青海农牧区整体发展步调一致，系统内部各要素协调良好。金融发展表现出强的正向性作用，说明金融发展确实稳步推动了各方的协调发展，未来通过金融"赋能"乡村各方面振兴，可更好地发挥作用支持贫困减缓或阻断返贫。

6.4　本章小结

本章主要是对金融发展同经济增长、社会进步和生态建设进行耦合协调关系分析。首先,构建适宜的"金融—经济—社会—生态"耦合度和耦合协调度分析模型,对青海农牧区良性金融发展与经济、社会、生态的耦合协调发展关系展开验证与分析。其次,进一步对2010—2021年青海6个自治州金融发展与经济、社会、生态的耦合协调发展关系进行细化研究,详细分析了各自治州发展是否协调的问题,并结合各自治州发展特殊性,加以经济学意义的说明。最后,就青海农牧区金融发展对耦合度和耦合协调度进行回归分析,以更好地突出金融的显著作用。金融支持减贫,稳定助力全面乡村振兴,离不开"和谐"二字,本章的实证研究完美地填补了第五章效应研究的遗留空白,即补充说明了全面乡村振兴视阈下,青海农牧区金融如何更好发挥支持减贫的效应,围绕研究主旨,强调金融发展与经济、社会、生态和谐共促的重要性。补充探讨耦合协调关系,可以使整个研究形成一个完备的体系。

最优金融支持,有利贫困减缓是阶段目标,这是第五章实证研究验证的问题。更有效发挥金融稳定支持作用,离不开各发展要素的协同,最终更好实现全面振兴是研究的归宿,这是本章研究所解决的问题。"金融—经济—社会—生态"四大系统一定是有机整体,任何一方发展滞后都有悖于协同共进的总体目标要求。目前,青海农牧区四大系统间,协调发展程度良好,距"高质协调"仅一步之遥,围绕四个方面提出更为精准的对策建议,将成为全面乡村振兴下,青海农牧区实现协调发展,推进金融发展、经济增长、社会进步和生态文明的措施保障。因此,青海农牧区要从优良金融体系构建、产业融合发展、"生态保护+产业"等多个方面着手,努力探索高原特色生态经济发展的新思路。优化五、六章"两大问题"的具化建议详见第七章。

第7章　全面乡村振兴下地区优化发展体系研究

作为支持减贫的重要工具之一，青海省一直非常重视金融的作用。但由于青海农牧区农牧业多年来发展脆弱，某些程度上金融支持减贫的有关体制、机制不健全，金融供给不充分、不平衡的情况没有根除，导致金融发挥减贫的能力一直受到影响。全面推进乡村振兴战略背景下，青海农牧区金融支持减贫尚有巨大的潜力可待挖掘，应结合未来发展主要目标，根据地区实际，以金融与"经济—社会—生态"联动方式，尽快建立完善且更具适应性的、更加良性的农村金融体系。效应分析结果告诉我们金融发展在贫困减缓中有显著支持作用，因此完善良性金融发展体系是当务之急，应以金融良性发展保证巩固减贫成果。

研究金融支持减贫效应问题是本研究的起点，借助金融力量使脱贫攻坚固果提质，是乡村实现全面振兴的阶段目标但绝不是终极诉求。乡村振兴视阈下，针对金融发展与其他发展要素的耦合协调，提出金融稳定支持全面乡村振兴的优化建议是落脚点。金融发挥支持作用能更有效，除了金融本身良性发展以外，离不开各体系发展的完善，全面乡村振兴一定是包括金融在内的多方面发展与共赢，各要素是有机整体。研究在指标选择和分析过程中，是基于此综合考虑的，措施建议的给出也是基于各发展体系的综合优化，即在"金融—经济—社会—生态"四大系统之上，围绕构建良性金融发展体系，借助金融体系的完善带动促进"经济增长、社会发展、生态建设"体系的优化两大方面展开。

7.1　多措施构建完善金融良性发展体系

前述研究已论证了金融支持贫困减缓是积极的，但研究中也发现这种支持效果在经济增长、社会发展和生态建设三大路径上存在不同，门槛特征也有差别。

金融发展规模的支持效果,无论是呈逐渐减弱趋势,还是呈倒"U"型,都说明"量"的变化积累到一定程度,其支持作用会受到抑制,接下来要看"质"的提升;金融发展效率的支持效果呈倒"V"型,恰说明解决金融发展"质"的相关问题,实现效率高质的重要性。"质""量"并进的金融发展,才是良性的发展,才能更好地对减贫、对全面乡村振兴发挥稳定支持作用。

7.1.1 完善体系与建设、创新针对性服务,为金融发展"增量"

金融发展规模对应的是"量",研究证实了金融发展规模支持减贫的作用显著,规模的保证是金融发展的基础。完善金融体系建设,创新针对性服务,保证金融发展规模扩大的同时,为"质"的跃变夯实基础。国务院一号文件多次强调农村金融改革是必须面对的一环,提出要对农村金融机构重塑整合,合理资源配置,金融发展要与地区发展相适配。首先,以完善的金融服务体系扩大金融支持的"量"。目前,青海农牧区农牧业正处于由传统(农)畜牧业向现代化(农)畜牧业的变革期,承载金融资源的金融服务体系,理应规划布局并完善到位,以规模上的合理形成对特色(农)畜牧业进一步发展的稳定支持,从而优化金融杠杆效应。其次,以多层次创新的金融产品丰富金融支持的"量"。金融机构服务应该根据当地特色的畜牧类产品、农产品进行创新,设计出全新的金融产品以及配套服务,有目的性地解决农(牧)户的实际资金需求,有效支持减贫、助力乡村振兴的同时,还能为机构自身发展谋求更大收益,实现多赢。

7.1.2 优化金融生态圈、调动机构能动性,为金融发展"提质"

研究已证明金融的支持作用效果显著,优化金融生态圈,激发并调动金融机构的能动性,聚集金融资源到最迫切、需要的地方,是金融发展"提质"的有效手段。衔接乡村振兴,"后扶贫"时代的贫困特征和工作对象有所改变,新意识标准下相对贫困的人群可能重返贫困,甚可能出现规模性返贫,此时的扶贫重点应放在如何提升贫困人口脱贫能力上,让脱贫主体拥有自我"再生"能力,阶段中,对调动金融机构能动性的激励与支持必不可少 [2]。金融服务"提质"要求:相关金融机构应充分发挥功能角色优势,深入青海农牧区了解(农)牧民的生活习惯、生产实践现状以及贫困(农)牧群众的具体现实需求,针对实际,扶持好地区产业链接和联动,当好地区持续性发展的可靠依托；有实力的金融机构要放下身段，发挥能动性走进农牧区，贴近民生，为（农）牧民提供发展针对性的资金支持；金融机构尽快完善建立起自己的一套新的评价体系，方便进一步评估受信体信用和跟踪贷款质量；以更好引导和鼓励支持多类型金融主体落地与发展，借助新型金融机构和业态，为青海农牧区构建和谐共生的金融生态圈添砖出力；必须依靠党的组织保障，借助市场调度力量，主动提高地区金融发展的稳健性及面对风险的承受力。

7.1.3　凭借金融科技力量、增强金融创新力，让金融发展更"亲民"

前面实证分析中发现了金融支持作用的门槛特征，随着经济增长、社会发展、生态优化，支持效果会呈现弱化的情况。长期看无法满足（农）牧民有效需求，成为（农）牧民与金融机构脱离联系的重要原因，因此，要借助金融科技增强金融创新，使金融资源得以普惠。现代化、更人性化的金融服务才能让（农）牧民真正受益，比如通过"非接"金融的推广，智能服务的广泛运用等来增加吸引，减少（农）牧民对金融服务的排斥与陌生感。软件服务更新上，要对大数据、云计算等现代化技术进行充分应用，通过科学合理的大数算法，有效快捷地对当地（农）牧民的信用度进行评估及跟踪，简化（农）牧民生产、生活贷款服务的流程，使借贷服务变得更便捷。对于农牧区贫困人口推出相应的福利优惠活动政策也需要技术加持，例如开办贫困专户一卡通，集中办理社保、医疗、养老、财政补（救）助、低（免）息贷款、（创）就业补助等各类扶贫资金业务，增加（农）牧民对金融服务的信任度。借助更多媒介提升金融在当地的认可度，除传统广、电、网的形式，还可以通过"金融服务流动站"、新媒体、自媒体等宣传方式强化推广宣传，拉近贫困用户对新型金融产品以及服务的距离。借助参与地区重大赛事、品牌活动、文体活动等机会，通过丰富的、更接地气的方式提高（农）牧民的金融参与感。

7.1.4　眷注贫困"边缘户"、层次化精准帮扶，为支持减贫"增效"

过渡衔接乡村振兴，"后扶贫"体现的是由重点攻坚转至长效支持，青海农牧区要守住不发生"规模性返贫"底线，这就要求地区通过更科学的指标对贫困村、贫困户进行划分，并根据划分结果来开展工作。门槛效应验证结果显示，非"精准"的供给，不能有效满足需求。农牧区中处于"边缘"的贫困地区和人口得不到精准支持，是背离"有效"的。提升金融减贫的支持效果，一是做到分层分类有针对。金融扶贫相关工作人员上岗工作前，应对地区区位优势、资源环境、政策配套等宏观因素全面了解，对各贫困户的家庭情况、生产生活现状和贫困诱因等内容摸底掌握，做到熟悉工作所涉地每村、每户、每人的详细具体情况，特别关注"边缘户"，有层次性、有针对性地就当地贫困问题各个击破，逐一解决，阻断返贫路径。二是将同一标准转化为动态指标。根据所收集的信息，金融扶贫相关人员应该对阶段扶贫政策变化及时了解掌握，不断升级金融扶贫方案；了解各地区（农）牧民相关信息的动态变化，并适时向其提供金融帮助；对于已经摆脱贫困，但家庭收入仍在脱贫标准线上徘徊的"危险目标"，要对其情况进行实时关注，适当支持，防止返贫。

7.1.5 建立协调预警机制，化解返贫风险，为巩固成果"驻防"

减贫效应、门槛效应分析中，金融发展的规模和效率无论是各自作用还是共同作用下，都对地区减贫有促进作用。要使作用更好地发挥，必须建立科学的金融阻断返贫的预警机制。在了解农牧区群众的金融需求、掌握财务收支及资金往来等方面，金融机构具有信息优势，凭借相关金融业务和服务的开展，金融机构可以相对便捷地实现信息的畅通，这让返贫动态监测成为可能。青海省脱贫攻坚固果增效，"不发生规模性返贫"的底线必须恪守，金融机构在其中也要发挥信息优势，对可能返贫人员，提前进行适当金融干预，并入有关部门的预警机制中一同形成协调预警机制。在金融机构可监控的人员中，一旦发现资金不稳定、高额借贷等有可能引发返贫风险的情况，金融机构需第一时间发出预警，进行提前干预，联动防御，降低返贫风险。

7.1.6 调整明确发展思路、具化金融措施，为乡村振兴"赋能"

协调分析中，青海农牧区"四系统"耦合协调程度表现良好，金融发展或成为实现全面乡村振兴的有力抓手之一。加强组织领导，明确金融发展思路，让金融发展与国家政策目标"一条线"，方能助力乡村振兴，为乡村振兴赋能。第一，地区脱贫攻坚成果有效衔接全面乡村振兴，单纯依赖财政补给的思路需要调整，金融的发展和参与应格外受到各地方政府及相关部门的高度重视、持续关注。建议依法尊重金融机构合规自主经营的同时，完善金融机构服务乡村振兴考评机制，明确定性、定量考评指标，另设加分项、扣分项，督促地区金融支持乡村振兴能力和水平的全面提升[2]；第二，加强党对金融机构的领导，继续推广"双基联动"模式①，多措施引导金融支持与地方经济发展协调配合。建议有序推进机构优化改革，依据金融服务乡村振兴有关政策规定，对标考评指标严把质量关，依考核指标按期对围绕乡村振兴的相关金融工作综合考评，将考评与激励挂钩②，充分发挥金融支持对各项目标完成、政策落实效果的强化作用[2]；第三，金融机构依据定期适当公开发布的评估结果，加强"自省"。建议动态关联乡村振兴中的关键问题，地区金融机构结合农村金融发展变化和工作实际，评估综合考评指标，发现与地方发展实际要求不符的，及时上报、落实调整。加强评估结果运用，对标考评结果就所考评的各环节工作完成"自省"，平衡资源到经济社会发展薄弱环节[2]；第四，金融支持和服务振兴要回归本源，提高金融普惠性。建议提高金融机构，特别是三类新型农村金融机构③新设分支机构审批时速，拓宽业务服务范围，创新金融产品的供给。配合实施金融机构开展涉农业务的风险补偿机制，监管差别化、激励措施化，因地制宜地把金融扶持重心转移到支持地方特色产业和内生动力培育上，破解发展融资瓶颈[2]。第五，乡村振兴，生态加强也是关键。绿色引领现代化新青海过程中亦少不了金融的有效支持。建议金融发展要"添绿"，以市场机制调节创新发展绿色金融。充分利用绿色金融手段，例如"碳金融、绿色产业基金、绿色债券、绿色信贷、绿色票据"④等，延展金融服务边界，将资本甚至是民间资本

---

① 农民日报."双基联动"托起农牧民的致富梦想——青海省农村信用社联合社解决农村普惠金融难题侧记 [N/OL]. https：//szb.farmer.com.cn/2021/20211126/20211126_004/20211126_004_1.htm. [2021-11-26].

注："双基联动"是指"农区、牧区、社区"基层金融机构＋基层党组织。

② 中华人民共和国中央人民政府网.金融机构服务乡村振兴考核评估办法 [2021 第 7 号][EB/OL]. http：//www.gov.cn/zhengce/zhengceku/2021-06/04/content_5615563.htm. [2021-06-04].

③ 中华人民共和国中央人民政府.银监会负责人就《关于调整放宽农村地区银行业金融机构准入政策更好支持社会主义新农村建设的若干意见》[EB/OL]. http：//www.gov.cn/govweb/zwhd/2007-01/29/content_510216.htm. [2007-01-29].

注：三类新型农村金融机构是指村镇银行、贷款公司、资金互助社。

④ 湖南省地方金融监督管理局.绿色金融产品知识介绍 [EB/OL]. http：//dfjrjgj.hunan.gov.cn/dfjrjgj/jrbk/jrjt/202105/t20210507_16525676.html. [2021-05-07].

吸引到资源循环利用、绿色能源等理念、技术先进的领域。

只有不断完善金融良性发展体制机制，金融才能为青海农牧区群众提供"造血式"式帮扶，才能更有效地减缓贫困，才能稳定支持全面乡村振兴。巩固攻坚成果是底线任务，乡村全面振兴在广度、深度上都有所递进，其中金融发展短板是制约痛点之一。金融的良性发展，不仅对减贫增效具有现实意义，而且对补短板、破瓶颈、各要素协同互促实现全面乡村振兴提供了思路。

7.2 优化完善"经济—社会—生态"发展体系

青海农牧区脱贫攻坚成效显著，耦合协调度测算值较好，离不开金融的稳定支持。地区发展如想更进一步，实现乡村全面振兴，除了完善金融良性发展体系外，还必须要构建相对完善的"经济—社会—生态"发展体系，即"三位一体"的可持续性与金融良性发展实现联动互促。在具体的实施工作内容上，首先要注重经济增长能力持续提高，这是乡村全面振兴、发展可持续的核心目标。其次，要关注社会的持续进步完善，这是乡村振兴、减贫可持续的重要目标。最后，要考虑生态文明、环境资源可持续，这是"后扶贫"发展的保障基础。"经济""社会""生态"唯有各自均衡优化发展，才能更好地实现整体协调发展，这是根本所在。

7.2.1 完善经济增长系统

7.2.1.1 以农牧业综合生产能力带动总产出

"econ"系统中，农牧业产品产量和农牧业产出共同反映着农牧业综合生产能力，其指标权重最高，约占46%，以农牧业综合生产能力带动总产出最直接有效。青海省特别是涉藏地区，肩负生态保护、修复的重要职责，生态红线决不能碰。农、牧业产出增加，必须在提高综合生产能力上下功夫。围绕青海省"生态立省"[①]以及"四地建设"目标，着力打造"绿色有机农畜产品输出地"，持续推进青海农牧区一二三次产业高效融合发展，增强农牧业自身竞争实力，一是加快构建高原特

[①] 科学网. 青海实施生态立省战略 [N/OL]. https：//news.sciencenet.cn/sbhtmlnews/2008/7/209267. html?id=209267. [2008-07-02].

注："生态立省"战略即"生态立法—生态保护—生态建设—生态经济—生态文化"。

色现代农牧业体系，坚持"质量兴农、绿色赋农、品牌强农"的原则，着力发展农牧区特色产业，依靠重点项目推进，构建并完善特色鲜明、技术过硬、链条完备的现代生态化农牧产业体系，打造农牧业"全产业链"模式的强县、强乡、强村[①]。二是做优做强牦牛、藏羊、青稞、油菜、马铃薯、枸杞、沙棘、藜麦、冷水鱼、蜂产品、中藏药材、优质牧草等特色优势产业，促进产品精深加工，开发产品综合价值，跟进仓储保鲜冷链等配套设施建设[②]。三是进一步延伸农村产业链和价值链，深度挖掘农牧业的潜在资源、生态价值，推动农牧业发展"接二连三"。积极开发"农牧业＋观光体验""渔业＋体育健身＋工业旅游＋特色小镇""体育赛事＋高原原生态农产品＋旅游文化"等模式，加快打造产业融合示范园、水光互补产业园、生态种养体验园、休闲农业观光体验园等，努力构架农村绿色生态产业链。四是完善产业收益的分配机制，促进产业收益落向地区（农）牧民，让深度产业融合的综合增值收益惠及（农）牧民。

7.2.1.2 加大社会固定资产投资力度

"econ"系统中固定资产建设同样是促进经济增长的重要因素，权重占比约19%。青海农牧区经济发展，与之配套的基础设施建设还是相对滞后的。"新老"城乡融合、城镇带动乡村的新型城乡关系完善之前，仍然需要不断加大固定资产建设的投资力度。增加农牧业固定资产投资，是促进农牧区经济增长和（农）牧民生产水平提高的重要途径。完善青海农牧区基础设施建设，一是要实施土地开发整理，推动高标准农田（牧场）、人工饲草基地、节能温室、畜用暖棚等项目建设。二是要加快完善农牧区水、电、路、管、网等基建工作，推进信息技术与"种养＋销游"等环节的融合，为农村一二三次产业融合培育良好的信息化平台，提高农业劳动生产率。

---

① 搜狐网.农村一二三产业融合发展，如何推进?[EB/OL]. http：//www.sohu.com/a/554149981_121124745. [2023-02-14].

② 青海省人民政府新闻办公室.锚定"四地"建设，青海走高质量发展之路 [N/OL]. http：//www.qhio.gov. cn/system/2022/05/22/013574448.shtml. [2022-05-22].

注："四地"建设即"世界级盐湖产业基地、国家清洁能源产业高地、国际生态旅游目的地、绿色有机农畜产品输出地"。

7.2.1.3 努力提高（农）牧民收入和消费水平

（农）牧民收入水平，是研究中"econ"系统考虑的子变量，权重占比约16%。第一个"百年目标"全面建成了小康社会，农村作为重点攻坚区域，解决农民增收是脱贫的重要方向。第二个"百年目标"奋斗中，农民收入的持续提升同样备受关注，这既是农业投资的前提，也是确保农村地区向好发展的基础。因此，首先，要持续强化政府扶贫的主体责任。紧紧围绕"就业扶贫"的主题，并行出台多项优惠政策，多管齐下，扩大就（创）业机会，促进增收。其次，要激发贫困主体的内生动力。传统"授鱼"式的扶贫，无法体现受助者的能动性，要鼓励地区（农）牧民、各类独立生产者发展家庭牧业、家庭手工业，争取各种优惠减免，自主脱贫改善收入。再次，效率农村资金供给。综合利用国家财税政策、投融资政策及监管政策等，政策导向金融资源持续输入农村，支持"三农""三牧"发展向好；提高农村金融发展效率，降低对（农）牧民、乡镇企业以及中小微企业的信贷投放限制，以更高效的资金支持，扩大收益。最后，配合发展农村保险。大力发展农业、农牧保险，补偿（农）牧民灾后损失，保障收益。

增收在先，消费提升在后，消费水平是"econ"系统关注的另一变量，权重占比约18%。青海省虽出台有相关提振内需、活跃市场的政策，但成效不彰，这必须引起重视。政府应借助更多的配套举措刺激消费，统筹实现商贸城乡互联互通。完善市场信息服务体系，促进城乡信息资源共享。强化农村市场监管机制，维护（农）牧民的合理消费权益。金融机构应该因地制宜地结合（农）牧民消费重点，发展医疗贷款、教育贷款、置房贷款等业务，合理化贷款限额、还贷方式。金融机构与当地财政政策配合开发农村消费信贷产品，通过金融创新引导消费，例如信贷支持（农）牧民购买摩托车、拖拉机、太阳能设备等。进一步扩容服务通道，通过分支机构、网点、惠农金融服务点等，确保各类消费补贴第一时间送达（农）牧民手中。

7.2.2 完善社会发展系统

7.2.2.1 构建城乡共享的公共服务与保障体系

公共服务保障体系，在"soci"系统中反映在教育、养老和医疗三个子指标上，权重占比约60%，对社会发展作用十分重要。公共服务与保障失衡会致区域发展失衡，可能造成脱贫后的再返贫。全面乡村振兴时期，必须力行公共服务体系与各类保障的有效整合，建立城乡共享机制。首先，要教育均衡。为地区配备充足的教育资源，可以借助"互联"概念，把城市优质教育资源输送至草场田舍，不仅要让农牧区适龄人群有学上，还要让其上好学。第二，医疗均衡。调研中因病致贫、因病返贫的案例在青海农牧区屡有发生。要加强地区医疗保健相关设施建设、及时有效的救助系统建设，同时政策畅通医疗救治的补贴与报销。进一步发挥好"青海省省级医疗机构对口支援支医项目"优势，不断平衡地区医疗资源。最后，保障到位。针对因为疾病、伤残或年迈而缺失劳动能力导致生活困难的特殊人群，出台并完善相应的资助福利政策，以确保公共服务或福利事业实现全方位照顾和覆盖。

7.2.2.2 充分发挥教育综合治贫能力

"soci"系统中，教育综合治贫能力发挥，除了能够提升（农）牧民综合素质外，还能有效促进就业，这主要反映在教育和农村从业人数两类指标的改善上，权重占比近20%。提升青海农牧区教育综合治贫能力，首先，要壮大教师队伍提升教学水平。青海农牧区教师普遍存在学历层次不高、教学信息交互滞后、专业知识具备欠佳等问题，因此要加大教育投入，提高教师工作待遇和社会配套服务，以吸引更多优质教师留在青海、留在农牧区工作。在加强教学设施建设的同时，保证提升教师队伍质量，比如利用好国家"对口支援"计划等，确保在岗在职教师具有更多专业提升机会、更优的自研学习环境。畅通渠道，以"聘请＋输送"的方式，聘请外部专家多到青海农牧区进行教育指导，或者更多地派遣优秀教师外出参加培训。

其次，要重视对人才素质的培养。调研中发现由于思想观念的落后，青海农牧区较大部分（农）牧民始终存在被动的发展观念，受传统文化根深蒂固的影响，自主脱贫意识薄弱。因此，相关部门应该强化再教育，不断地向当地（农）牧民传播新发展思想理念。一是在地区开展宣传教育，鼓励（农）牧民接受岗前培训。根据地区（农）牧民自身特点及市场需求及时调整培训计划和培训内容，通过"订单式"培训，针对性地提高（农）牧民的劳动综合质素，达到"授人以渔"的效果，为自主脱贫提供基础性支撑。二是搭建更广泛的资源信息平台，借助信息资源传播能力，使新的致富思路和方式广被接受，改变（农）牧民"没事可做""不知道路在何方"

的状态，综合提升（农）牧民的文化水平、工作能力和创新意识。三是借助高校资源平台发展完善农牧区继续教育体系，定期举办各类进修班和讲座，加快培育出一批会经营、有文化、懂技术的地区新型农牧人才。四是措施先行，大力扶持村级集体经济，创造更多就地就业机会，通过发展藏医药植物种植、高原农畜养殖、"农家乐"等，增强脱贫主体"造血"功能。同时通过现代技术畅通人才输送机制，借助"直播带岗"等更多方式，使岗位用工与人才资源得以有效匹配。

7.2.3 完善生态建设系统

承担好生态安全维护的责任使命，当好地球第三极生态"守护员"，让青海的优势与骄傲聚焦于"生态"[①]。青海自身的资源禀赋、区位特色和发展优势，决定了我们必须以"绿色"的情怀，勇担打造"高地"、建设"四地"责任。"竭泽而渔"的发展，不仅使人类社会经济高质量发展成果大打折扣，甚至威胁人类生存长久大计。研究中"生态建设—贫困减缓"的作用机理，告诉我们地区生态建设的重要性，以"可持续"观促发展的合理性，依托生态资源发展特色产业的可行性。生态建设效益并不能短期内直接显现，加强生态保护与维护，配合发展循环经济以及具有"生态经济"价值的特色产业，优化生态建设系统的同时，可以间接改善其他两个系统，这样生态要素才实现了与其他要素的耦合协调、利益联动。

7.2.3.1 加强生态环境保护维护

首先，完善生态保护机制。坚守生态红线，统筹推进退牧还林、还草，做好生态修复；要培养当地（农）牧民对自然环境的敬畏之心，引导地区（农）牧民对天然林草资源合理开发利用的同时，保护维护生态环境；实行生态保护责任制，分级落实各级党委和政府的生态保护主体责任，并追踪考评；创新生态保护新模式，探索"生态保护＋制度""生态保护＋市场""生态保护＋基金""生态保护＋补偿"等新发展方式。其次，完善生态补偿机制。在国家对发挥重要生态功能地区重点补偿的基础上，省一级政府应开辟专门财政，设立地方性生态维护基金，进行差异化补偿；推动落实横向补偿机制，通过购买、产业转移、支援、缴纳生态税等方式，

---

① 青海省人民政府网. 携手共建人与自然和谐共生的美好家园 [EB/OL]. http://www.qinghai.gov.cn/zwgk/system/2021/09/23/010393334.shtml. [2021-09-23].

联动受益地区构建生态共保机制；积极探索市场化、多元化补偿实践，将生态保护引入市场，完善交易机制；借助金融力量，基于水权、用能权、排污权等推进绿色金融创新；保险机构要更多"引绿"，开发创新保险产品和服务，支持生态建设。

7.2.3.2 深化循环经济发展

首先，综合开发与利用盐湖资源，进一步延长盐湖产业链条；根据市场需求，进一步扩大锂盐产业规模，促进碳酸锂生产和产品提档升级；积极开发锂电材料、高纯度金属锂等全产业链产品，稳步推进产业链的延伸；围绕盐湖化工这个中心环节，打造盐湖化工精深加工产业链，配套发展油气化工、煤炭综合利用、金属冶炼及新能源、新材料等产业[1]，实现综合、闭环利用盐湖资源。其次，完善清洁能源产业链。利用光伏、风电、水电、地热等无污染清洁能源，促进低碳能源实现集约化发展，构建"装备制造—能源生产—绿电输送—消纳"的循环产业链条，减少碳排放。再者，培育废旧资源再生利用产业链，构建绿色发展的闭环生态圈。

7.2.3.3 依据生态资源充分发展特色经济

第一，推动生态旅游产业。加快提升生态旅游产品的品质，增强生态旅游的品牌效应和辐射效应。加快开发原生态旅游景区，建设配套基础设施，旅游集散地，旅游外联通道，安全保障、信息与智慧化平台等项目，完善旅游服务功能，提高各景区的连通性和舒适性。充分挖掘自然景观、人文景观等资源，打造融合生态环境、文化遗产、旅游休闲、特色产业为一体的生态旅游精品项目，提升生态旅游品质。开发以可持续发展为主题的"生态乐享"项目，推出国家公园巡游、环湖徒步、森林露营等"绿色"旅游品类，让人们远离喧嚣，为品质生活圆梦。

第二，大力发展有机农牧业。发挥地区珍稀动植物资源优势，带动发展特色农牧产业，实现提质、稳量、补链、扩输[2]。一是要提质。以"青"字号发挥品牌优势，

---

[1] 聚客阅读.《中国循环经济年鉴 2011 总第 4 卷》[EB/OL]. http://www.jkyd88.com/n/6bca3526b371ac4dd8d18e5aece5b8d0.html. [2022-04-15].

[2] 青海日报. 青海省牦牛藏羊产业集群总值达 267 亿元 [N/OL]. https://epaper.tibet3.com/qhrb/html/202202/11/content_83131.html. [2022-02-11].

注：在已有的"梅陇模式、拉格日经验、岗龙做法、祁连路子"等典型案例的基础上，总结经验，实现"提、稳、补、扩"。

以农业科技为产品增质,形成"一村一品"。二是要稳量。以农业基础设施完善保产量;以科技投入支持培育良种良法增产量;依托"1+33+40"①体系建设,形成产业集群扩产量。三是要补链。把有机农牧业与生态旅游产业、乡村农牧休闲产业等有效结合,补融合链;积极培育农牧区新型经营主体,把加工转化作为重要环节,引企业、引技术,补加工链;依托知名会展、门店专柜、电商品牌、物流配送等,补销售链。四是要扩输。要打好有机农产品的"四张牌"②,鲜明产品特色,提升青海农牧产品的认可度。在乡村旅游、餐饮民宿上做文章,盘活农牧产品供给。

第三,积极发展民族手工业。青海农牧区藏民族手工业发展历史悠久,不仅加工工艺精细,还极富民族特色和文化内涵。特别是改革开放后,各种传统手工业得到推广、发展与传承,从事各类手工业生产的人数以及工艺产品品类都在逐年增加。目前以唐卡、堆绣、贵金属加工制作、昆仑玉打磨雕刻、传统藏式木制家具等为代表的传统手工业已悄然发展。地区民族手工业发展必须要进一步打开市场,探索"合作社+(农)牧民""公司+手工艺""新媒体联动+推广"等新模式,多渠道、多方式真正让藏族手工艺人成为"上班族"。

第四,发展振兴藏医药业。一是保护。对于散落民间的资料、名方、医典等要指派专人收集归档。对于口口相传的医治手法和制药秘籍,需要悉心翻译、整理、记录。二是传承。在青海省藏医院和省内现有高校藏医学院的基础上,扩展建立下沉至州、市、县的藏医学校或学习机构,培育发展人才。发挥组织优势,鼓励地区寺院藏医走出寺院,对游走在乡间地头的乡医进行管理培训,完善藏医药基础服务队伍,拓宽藏医药服务受众面。要在资金上支持经典名方、经验方、院内制剂与现代医学的结合与创新,不断扩大藏医学在世界医学领域的应用。支持改良藏药制作技术,提高藏药的普适性(张伟,2009)[223]。

第五,合理开发利用高原净水资源。青海农牧区净水资源矿物富集。借助央

---

① 中华人民共和国国务院新闻办公室.青海省举行"青海这十年"农牧专场新闻发布会[EB/OL]. http://www.scio.gov.cn/xwfbh/gssxwfbh/xwfbh/qinghai/Document/1729884/1729884.htm. [2022-08-25].

注:"1+33+40"具体为国家级现代农业产业集群(1个)、省级以上现代农业产业园(33个)、产业联合体(40家)。

② 注:"四张王牌"分别是"高原牌、有机牌、绿色牌、富硒牌"。

视《净土青海高原臻品》等栏目的宣传力量，合理开发农牧区净水资源价值。要扶持昆仑山、昂思多、七里寺、卓尔山、瀞度等水资源利用企业，更多给予政策优惠、资金支持和技术帮扶，帮助企业做大做强。要畅通输出，通过罐贮、管输等方式，将高原天然净水"送出去"，进一步扩容市场。要突出天然、纯净、矿物富集等特点，打造品牌水、精品水，提升高原净水的知名度。要以"外引＋内育"的模式，形成产业集群，再塑一个青海省高原净水开发龙头企业，以龙头带动，有效解决地区的就业、增收问题。

7.3　本章小结

结合理论分析内容和实证研究结果，本章针对性提出了全面乡村振兴视阈下，青海农牧区金融有效支持减贫的优化发展策略。

首先，要多措施构建完善金融良性发展体系，使金融要素更好地与其他发展要素有机协调，这涵盖"增量""提质""增效"等多个方面，具体包括：完善体系与建设、创新针对性服务，为金融发展"增量"；优化金融生态圈、调动机构能动性，为金融发展"提质"；凭借金融科技力量、增强金融创新力，让金融发展更"亲民"；眷注贫困"边缘户"、层次化精准帮扶，为支持减贫"增效"；建立协调预警机制，化解返贫风险，为巩固成果"驻防"；调整明确发展思路、具化金融措施，为乡村振兴"赋能"。

其次，是完善"经济—社会—生态"发展体系，不断地优化完善经济增长系统、社会发展系统和生态建设系统的各项重要内容：一是完善经济增长系统（以农牧业综合生产能力带动产出；加大社会固定资产投资力度；努力提高农民收入和消费水平）。二是完善社会发展系统（构建城乡共享的公共服务与保障体系；充分发挥教育综合治贫能量）。三是完善生态建设系统（加强生态环境保护维护；深化循环经济发展；依据生态资源充分发展特色经济）。

第8章　结论和展望

8.1　结论

金融的发展对于全面乡村振兴下中国农村发展可持续有着重要意义，也是实现解决现阶段城乡融合，缓解多维相对贫困问题的有效手段之一，良性化金融发展已成为全面建成和谐、稳定、生态、富美的现代化社会的必然要求。本研究通过对青海农牧区金融发展支持减贫的作用机理、成效、效应和耦合协调性的逐级分析，探索出青海农牧区金融良性发展、各影响体系综合发展的现实路径，并给出具化参考建议。以青海典型农牧区为研究对象，选取 2000—2021 年的面板数据展开全面分析与实证检验，发现全面乡村振兴下，金融发展对地区减贫以及协调发展确实有一定正向促进作用。金融支持减贫效应不单存在直接效应，还存在中介效应。在中介效应研究中，验证了金融发展通过经济增长、社会发展和生态建设路径，有效支持减贫增收的观点。进一步构建面板门限回归模型研究金融发展支持减贫的门槛效应。此外，判断一个地区金融发展良性与否，不仅要看地区金融是否对减贫增收起到促进作用，还要看金融发展和地区主要发展目标是否相协调，发展的目标最终是经济、社会与生态的协调促进，实现共同富裕。全面推进乡村振兴战略背景下,金融支持减贫、助力发展,离不开"和谐"二字,借助"经济—社会—生态"三大变量,研究"金融—经济—社会—生态"的协调关系必要且合理。

综合分析最终得出主要结论：

8.1.1　青海农牧区金融发展支持减贫的直间接效应并存

首先，青海农牧区金融支持对贫困减缓确实有促进作用。该观点无论是在本研究的直、间接效应研究中，还是在门槛效应研究中，均能得到验证。金融发展规模对应的是"量"的变化,金融发展效率对应的是"质"的提升,在两个核心解释变量各自作用,或者共同作用下,(农)牧民贫困困境都可以得以缓解,相关实证研究分析结果显著。全面乡村振兴下,金融更要良性发展,要时刻与国家和地区发展目标"一条心","质""量"并进的金融良性发展,能更好地解决新时期贫困问题、发展问题,稳定助力乡村振兴。

其次,青海农牧区金融支持减贫的直接效应和间接效应并存。直接效应检验中,两个核心解释变量对贫困减缓具有积极影响,均在1%的显著性水平上显著。调节的中介效应检验中,发现中介效应存在同时调节作用有限情况:①以经济增长为中介变量时,金融发展规模减缓贫困的中介效应没有受到乡村振兴战略调节,中介效应占总效应的比重为20.080%,直接效应和间接效应维持原状;金融发展效率促进贫困减缓的中介效应也没有受到乡村振兴战略调节,中介效应占比为39.099%,直接效应和间接效应维持原状。②以社会发展作为中介变量时,金融发展规模促进贫困减缓的中介效应受到乡村振兴战略的调节,进而在社会发展路径上,金融发展规模支持贫困减缓的间接效应变大,直接效应变小;金融发展效率促进贫困减缓的中介效应未受到乡村振兴战略的调节,中介效应占比为16.943%,直接效应和间接效应维持原状。③以生态建设作为中介变量时,金融发展规模促进贫困减缓的中介效应没有受到乡村振兴战略的调节,中介效应占比为3.137%,直接效应和间接效应维持原状;金融发展效率促进贫困减缓的中介效应也没有受到乡村振兴战略调节,中介效应占比为39.296%,直接效应和间接效应维持原状。

8.1.2 青海农牧区金融支持作用于贫困减缓具有明显的门槛特征

在门槛效应检验中,以不同中介变量作为阀门槛检验,发现金融发展规模和发展效率的支持作用存在不同的门槛特征:

①门槛设定为经济增长时,仅金融发展规模存在门槛效应,支持贫困减缓呈现双门槛特征,门槛值分别为8.721和8.028,且分别在10%和5%的显著性水平上显著。从弹性系数看:经济增长跨越第一门槛值8.028之前,系数为-22.825,跨越第一门槛,经济增长高于等于门槛值8.028,小于8.721时,系数为-13.960,绝对值相对减少,跨越第二门槛,经济增长高于等于门槛值8.721时,系数为-4.667,

绝对值再次减少。表明伴随经济增长,(农)牧民收入改善,消费结构调整,受国家倡导的新消费观影响,人们不再像过去一样盲目储蓄,而是调整增加其他消费的比重,储蓄直接反映金融发展规模,如此一来,金融发展规模促进减贫增收的效果,随经济发展水平层次的提高,显著性降低,但依旧存在正向促进作用。

②门槛设定为社会发展时,金融发展规模和金融发展效率均具有门槛效应。其中金融发展规模存在双门槛特征,门槛值分别为5.663和6.935,且均在1%的显著性水平上显著。从弹性系数看:社会发展跨越第一门槛值5.663之前,系数为-8.701,跨越第一门槛,社会发展高于等于门槛值5.663,小于6.935时,系数为-13.822,绝对值相对增加,跨越第二门槛,社会发展高于等于门槛值6.935时,系数为-7.668,绝对值相对减少,支持减贫的作用呈明显的倒"U"型。表明伴随社会的进步,(农)牧民生活有了明显改善,他们更多增加了与金融机构的联系,金融惠及更广泛、金融可得性提升,能较好满足发展的需要,相应地改善贫困。但随着社会发展的不断进步,人们对金融服务供给方向和方式的要求在变化,非"精准"的供给,规模再大也不能有效满足需求,金融发展规模促进减贫增收的效果也会减弱。

金融发展效率方面,实证结果呈现单门槛特征,门槛值为6.935,在1%的显著性水平上显著。从弹性系数看:社会发展跨越门槛值6.935之前,系数为-9.077,跨越门槛,社会发展高于等于门槛值6.935时,系数为4.646,系数方向由负转正,支持减贫的作用呈明显的倒"V"型。表明社会的进步,对金融效率的改进提出了更高的要求,金融"高质量"发展、效率发展,成为必要与必须。

③门槛设定为生态建设时,仅金融规模具有门槛效应,支持贫困减缓呈现双门槛特征,门槛值分别为5.192和5.441,且分别在1%、5%的显著性水平上显著。系数方向均为负,表明生态建设作为门槛时,金融对减贫发挥正向作用。从弹性系数变化看:生态建设跨越第一门槛值5.192之前,系数为-16.459,跨越第一门槛,生态建设高于等于门槛值5.192,小于5.441时,系数为-10.865,绝对值相对减少,跨越第二门槛,生态建设高于等于门槛值5.441时,系数为-5.446,绝对值再次减少。表明生态建设日趋完善,生态文明建设观、绿色发展观深入人心,人们的

消费观开始改变,同时伴随生态环境的变好,具备更多生态价值的产业发展欣欣向荣,对人们的消费结构产生深刻影响,比如增加生态享乐等方面的消费,这样,传统发展模式下的金融规模扩大对减贫增收的促进效果会减弱。

同时本研究将门槛模型分析结果与线性模型分析结果进行了比较,发现均支持了金融发展有利贫困减缓的观点。但通过门槛模型分析所得出的倒"U"型特征和倒"V"型特征,更突出说明了跨越门槛后,良性金融发展的重要性。

结合以上结果,本研究还进一步具体分析展示了青海6个自治州的金融支持减贫门槛效应,发现不同时间段上存在地区差异。2000—2021年,6个自治州在不同门槛(经济增长系统、社会发展系统和生态建设系统)下,金融支持减贫的门槛特征不同,各州跨越门槛的时间也不同。各州经济增长、社会发展和生态建设水平各不相同,发展各有侧重,因此不同门槛下金融发展(规模和效率)支持减贫的效应存在一定的地区性差异。

8.1.3 金融与"经济—社会—生态"各综合变量的耦合协调研究愈加合理

研究创新构建"金融—经济—社会—生态"四个系统联动指标,进行耦合协调发展相关研究,发现2000—2021年,青海农牧区整体和6个自治州的"金融—经济—社会—生态"耦合协调状况逐年向好。协调情况都实现了由"失衡"到"协调"再到"良好协调"的转型。截至目前,四大系统耦合协调度得分都在0.8以上,表现出高的耦合协调性。总体而言,青海农牧区"金融—经济—社会—生态"耦合协调发展程度较好,原因在于自生态文明建设思想提出后,青海立足"三大最大"省情定位,把金融支持同经济增长、社会发展和生态环境保护联系起来,四大发展要因协调互促,支持发展、实现振兴。

基于主要的结论,本研究最后提出全面乡村振兴视阈下地区优化发展的针对性建议。首先,是构建完善金融良性发展体系,具体包括:完善体系建设、创新针对性服务,为金融发展"增量";优化金融生态圈、调动机构能动性,为金融发展"提质";凭借金融科技力量、增强金融创新力,让金融发展更"亲民";眷注贫困"边缘户"、层次化精准帮扶,为支持减贫"增效";建立协调预警机制、化解返贫风险,为巩固成果"驻防";明确发展思路、具化金融措施,为乡村振兴"赋能"。其次，是完善"经济—社会—生态"发展体系，不断地优化完善经济增长系统、社会发展系统和生态建设系统的各项指标，多角度提出各指标改善的具体建议措施。

总的来说，自精准扶贫到脱贫攻坚，再到全面乡村振兴总体要求的提出，青海省一直立足长远。支扶贫、促振兴需要破瓶颈、抓重难点，青海农牧区作为瓶颈地区，金融发展更是要与全面乡村振兴政策目标一条线，"质""量"并进的金融良性发展与经济增长、社会进步和生态保护等发展大目标协同共进，可最大效果发挥减贫作用，稳定助力有效衔接全面乡村振兴，最终实现中国式现代化。

8.2 展望

通过研究可知，金融支持贫困减缓的作用方面，无论是理论上还是实证上，都留有很多值得不断探索的地方，本研究提出了几个可供参考的视角：

第一，数据样本的丰富与拓展。研究中金融发展规模和金融发展效率数据，主要来自以银行为代表的金融主体的年终统计数据，其实青海农牧区还存在诸多农村非正规金融机构，但数据缺少权威性、指标体系不完整、采集渠道有阻碍等是客观问题，多番尝试，确实困难。希望经过几年的发展，待数据较为完整后，再将研究深入展开或并入其他相关研究中综合分析。

第二，中介变量系统进一步细化。本研究在模型构建时，金融减贫的中介变量选定在经济增长，社会发展和生态建设三大方面具备一定合理性，这三个变量符合金融减贫研究指标选取的需要，也符合乡村振兴要"全"与"面"的总体要求。然而经济增长，社会发展和生态建设现实中各自有更多的子指标表现。本研究借助熵值法降维处理所得的综合指标，虽然突出了各个子指标的特征，但却无法做到完全代表，未来可以在这方面加以突破，并扩展应用在更广泛的研究中。同时在后续的研究中可以尝试有效综合各中介变量，进一步完善当前研究避免中介效应逐一分析可能的不足。

第三，更多关注同级地区发展的不平衡。本研究对青海典型农牧区的面板数据进行分析，把 6 个自治州作为研究对象的最小划分单元，这在是国内外相关研究中尚属首例。随着研究和走访的深入，发现现实中各州内部、州与州、州与其他地区，在经济、人文、地理、生态等诸多方面差异确实很大，这就造成了金融减贫成效受到多方因素的影响。论文并不能就存在差异情况的内在机制通过金融支持减贫模型一一反映，只能保证反映现实情况的尽量真实全面，确保研究结果客观有效及实用。未来，要全面推进乡村振兴、要推进建设中国式现代化，民族地区仍是关注重点，有关该方面的研究及延续必然很多，期望借助本次研究的基础，拓展更多有效手段展开后续研究。

第四，拓展探讨政策性金融与商业性金融的支持差异。本研究重点关注的是金融发展与地区贫困发生率之间的关联关系，通过政策性金融与商业性金融的对比分析，发现在改善地区贫困方面，某种程度上政策性金融依旧是主要力量，这也从另一方面说明地区商业性金融仍有很大发展空间。长效扶贫过程中，研究认为政策性金融是托底，有效激发商业性金融的活跃度与参与性，才是破解地区发展瓶颈的有效突破口。但也要注意到，就地区整体发展情况而言，特别是民族地区，政策性金融支持确实在地区整体发展中贡献较大，地区可持续发展中，商业性金融与政策性金融协调发展是重要的，因此，在将来的拓展研究中，可另辟主题，尝试将青海农牧区两种不同性质类型的金融发展情况进行更为细致的比较分析，体现金融支持减贫效应研究的延展性，以期形成系列研究。

参考文献

[1] 习近平 . 决胜全面建成小康社会夺取新时代中国特色社会主义伟大胜利——在中国共产党第十九次全国代表大会上的报告 [M]. 北京：人民出版社，2017.

[2] 苏薇，宋福铁 . 金融支持全面乡村振兴研究 [J]. 青海社会科学，2022（04）：107-119.

[3]Gurley J G，Shaw E S.Financial aspects of economic development[J].The American Economic Review，1955，45（4）：515-538.

[4]Goldsmith R W.Financial structure and development[M].New Haven Conn：Yale University Press，1969.

[5]McKinnon R I.Money and capital in economic development[M].Washington，DC：The Brookings Institution Press，1973.

[6]Shaw E S.Financial deepening in economic development[M].Oxford：Oxford University Press，1973.

[7]Kapur.The great universe of Kota：social change and mental disorder in an Indian village[M].Berkeley：University of California Press，1976.

[8]Galbis V.Financial intermediation and economic growth in less-developed countries：a theoretical approach[J].The Journal of Development Studies，1977，13（02）：58-72.

[9]Mathieson D J.Financial reform and stabilization policy in a developing economy[J].Journal of Development Economics，1980，7（03）：359-395.

[10]Fry M J.Money and capital or financial deepening in economic developments?[J].Journal of Money，Credit，and Banking，1978，10（04）：464-475.

[11]Fry M J.Saving，investment，growth and the cost of financial repression[J].World Development，1980，8（04）：317-327.

[12] 崔巍，文景 . 社会资本、法律制度对金融发展的影响——替代效应还是互补效应？[J]. 国际金融研究，2017（11）：13-22.

[13]Hellmann T，Murdock K，Stiglitz J.Financial restrain：towards a new paradigm[M].New York：Oxford University Press，1998.

[14] 常莎，刘飞，吕瑞贤，等 . 破解信息不对称与促进科技型中小企业金融服务发展 [J]. 经济研究参考，2015（07）：59-65.

[15]Gurley J，Shaw E S.Money in a theory of finance[M].Washington，DC：Brookings Institution Press，1960.

[16]Leland H E，Pyle D H.Informational asymmetries，financial structure，and financial intermediation[J].The Journal of Finance，1977，32（02）：371-387.

[17]Benston G J，Smith C W.A transactions cost approach to the theory of financial intermediation[J].The Journal of Finance，1976，31（02）：215-231.

[18]Diamond D W.Financial intermediation and delegated monitoring[J].The Review of Economic Studies，1984，51（03）：393-414.

[19]Allen F，Santomero A M.The theory of financial intermediation[J].Journal of Banking & Finance，1997，21（11-12）：1461-1485.

[20]Merton R C，Bodie Z.Deposit insurance reform：a functional approach[C].//Carnegie-Rochester Conference Series on Public Policy.North-Holland，1993，38：1-34.

[21]Merton R C，Bodie Z.A conceptual framework for analyzing the financial environment in the global financial system：a functional perspective[M].Boston，MA：Harvard Business School Press，1995.

[22]Levine R.Financial development and economic growth：views and agenda[J].Journal of Economic Literature，1997，35（02）：688-726.

[23]Rajan R G，Zingales L.Financial dependence and growth[J].American Economic Review，1998，88（03）：559-586.

[24]Allen F，Gale D.Financial contagion[J].Journal of Political Economy，2000，108（01）：1-33.

[25] 白钦先 . 比较银行学 [M]. 郑州：河南人民出版社，1989.

[26] 白钦先，张坤 . 论政策性金融的本质特征——公共性 [J]. 中央财经大学学报，2015（09）：23-30+54.

[27]La P R，Lope-de-Silanes F，Shleifer A，et al.Legal determinants of external finance[J].The Journal of Finance，1997，52（03）：1131-1150.

[28]La P R，Lopez-de-Silanes F，Shleifer A，et al.Investor protection and corporate governance[J].Journal of Financial Economics，2000，58（1-2）：3-27.

[29]La P R，Lopez-de-Silanes F，Shleifer A，et al.Investor protection and corporate valuation[J].The Journal of Finance，2002，57（03）：1147-1170.

[30]Laeven L，Majnoni G.Loan loss provisioning and economic slowdowns：too much，too late?[J].Journal of Financial Intermediation，2003，12（02）：178-197.

[31]Rajan R G，Zingales L.The great reversals：the politics of financial development in the twentieth century[J].Journal of Financial Economics，2003，69（01）：5–50.

[32]Stulz R M，Williamson R.Culture，openness，and finance[J].Journal of Financial Economics，2003，70（03）：313–349.

[33]Guiso L，Sapienza P，Zingales L.The role of social capital in financial development[J].American Economic Review，2004，94（03）：526–556.

[34]Mankiw N G.The growth of nations[J].Harvard Institute of Economic Research Working Papers，1995，26（01）：275–326.

[35] 周孟亮 . 包容性增长、贫困与金融减贫模式创新 [J]. 社会科学，2018（04）：55–64.

[36] 王曙光 . 微型金融发展与深度贫困地区减贫机制创新 [J]. 人民论坛·学术前沿，2018（14）：20–25+51.

[37] 蔡键，毛雅娟，米运生 . 资本有效配置、企业技术创新与金融体制改革深化——供给侧改革与农村金融发展论坛综述 [J]. 经济理论与经济管理，2017（01）：110–112.

[38] 白钦先，谭庆华 . 论金融功能演进与金融发展 [J]. 金融研究，2006（07）：41–52.

[39] 张正平，董晶 . 金融科技赋能农村金融高质量发展的机制与路径 [J/OL]. 农业经济问题：1–15 [2023–05–06].

[40]Jalilian H，Kirkpatrick C.Financial development and poverty reduction in developing countries[J].International Journal of Finance & Economics，2002，7（02）：97–108.

[41]Beck T，Demirgü–Kunt，Asli，et al.Finance，inequality，and poverty：cross–country evidence[R].Working Paper，2004.

[42]Jeanneney S G，Kpodar K.Financial development，financial instability and poverty[C]//HAL.HAL，2005.

[43]Jeanneney S G，Kpodar K.Financial development and poverty reduction：can there be a benefit without a cost?[J].IMF Working Papers，2008，47（01）：143–163.

[44]Odhiambo N M.Financial deepening and poverty reduction in Zambia：an empirical investigation[J].International Journal of Social Economics，2010，37（1–2）：41–53.

[45]Odhiambo N.Finance–investment–growth nexus in South Africa：an ARDL–bounds testing procedure[J].Economic Change and Restructuring，2010，43（03）：205–219.

[46]Imai K，Gaiha R，Thapa G，et al.Microfinance and poverty–a macro perspective[J].World Development，2012，40（08）：1675–1689.

[47]Tsai K S.Beyond banks：the local logic of informal finance and private sector development in China[R].Presented at the Conference on Financial Sector Reformin China，2009.

[48]Cui，Yan J，Zhang，et al.Financial development and poverty alleviation in China：an empirical test with ARDL approach[C].The 4th International Conference on Financial Risk and Corporate Finance Management of DUT，2012.

[49]Jar á bkov á ，Jana，Majstr í kov á ，et al.Financial supporting tools of rural tourism development in Nitra self–governing region[J].European Countryside，2016，8（02）：123–134.

[50]Kollanthara N，Qaiser S.Finance，inequality，and poverty revisited：a threshold model approach[C].GSTF Journal on Business Review，Vol 4，No 4，2016.

[51]Imai K S，Arun T，Annim S K.Microfinance and household poverty reduction：new evidence from India[J].World Development，2010，38（12）：1760–1774.

[52]Kaidi N，Mensi S，Ben A M.Financial development，institutional quality and poverty reduction：worldwide evidence[J].Social Indicators Research，2019，141：131–156.

[53]Rajan R.G.，Zingales L.Saving capitalism from the capitalists：unleashing the power of financial markets to great wealth and spread opportunity[M].New York：Crown Business Press，2003.

[54] 金丽，张丽明 . 河北省农村金融扶贫的成效、问题及建议 [J]. 贵州农业科学，2014，42（07）：215–219.

[55] 姚耀军，李明珠 . 中国金融发展的反贫困效应：非经济增长视角下的实证检验 [J]. 上海财经大学学报，2014，16（01）：69–76+86.

[56] 潘功胜 . 加快农村金融发展推进金融扶贫探索实践 [J]. 行政管理改革，2016（06）：22–28+2.

[57] 雷曜 . 农村金融发展与金融扶贫工作思考与展望 [J]. 金融与经济，2016（09）：13–17.

[58] 王颖 . 农村金融扶贫的困境与对策 [J]. 新经济，2016（30）：11–12.

[59] 申云，李庆海，杨晶 . 农业供应链金融信贷的减贫效应研究——基于不同主体领办合作社的实证比较 [J]. 经济评论，2019（04）：94–107.

[60] 金浩，张文若，李瑞晶 . 扶贫开发工作重点县政策的经济增长效应——基于河北省县级数据的准自然实验研究 [J]. 经济与管理，2020，34（01）：27–34.

[61]Dollar D，Kraay A.Growth is good for the poor[J].Journal of Economic Growth，2002，7：195–225.

[62]Honohan P.Financial development，growth，and poverty：how close are the links?[J].Financial Development and Economic Growth，2004，1：1–37.

[63]Sehrawat M，Giri A K.Financial development，poverty and rural–urban income inequality：evidence from South Asian countries[J].Quality & Quantity，2016，50：577–590.

[64]Rashid A，Intartaglia M.Financial development–does it lessen poverty?[J].Journal of Economic

Studies，2017，44（01）：69-86.

[65]Ruch W，Geyer J H S.Public capital investment，economic growth and poverty reduction in South African municipalities[J].Regional Science Policy & Practice，2017，9（04）：269-284.

[66]黄建新.论非正规金融之于农村反贫困的作用机制与制度安排[J].现代财经（天津财经大学学报），2008（05）：9-13+74.

[67]陈飞，卢建词.收入增长与分配结构扭曲的农村减贫效应研究[J].经济研究，2014，49（02）：101-114.

[68]武丽娟，徐璋勇.我国农村普惠金融的减贫增收效应研究——基于4023户农户微观数据的断点回归[J].南方经济，2018（05）：104-127.

[69]刘炯，吴海军，李萍萍.农村金融的间接减贫效应分析：安徽宣城数据[J].辽宁农业职业技术学院学报，2020，22（06）：12-15.

[70]Galor O，Zeira J.Income distribution and macroeconomics[J].The Review of Economic Studies，1993，60（01）：35-52.

[71]Li H，Squire L，Zou H.Explaining international and intertemporal variations in income inequality[J].Economic Journal，1998，108（446）：26-43.

[72]Muhammad，Shahbaz，Nanthakumar，et al.Financial development and income inequality：is there any financial Kuznets curve in Iran?[J].Social Indicators Research，2015，124（02）：357-382.

[73]苏基溶，廖进中.中国金融发展与收入分配、贫困关系的经验分析——基于动态面板数据的研究[J].财经科学，2009（12）：10-16.

[74]刘纯彬，桑铁柱.农村金融发展与农村收入分配：理论与证据[J].上海经济研究，2010（12）：37-46.

[75]崔艳娟，孙刚.金融发展是贫困减缓的原因吗?——来自中国的证据[J].金融研究，2012（11）：116-127.

[76]沈扬扬.收入增长与不平等对农村贫困的影响——基于不同经济活动类型农户的研究[J].南开经济研究，2012（02）：131-150.

[77]胡宗义，唐李伟，苏静.农村非正规金融发展对农民收入差异影响的实证研究[J].广东金融学院学报，2012，27（03）：33-42.

[78]Greenwood J，Jovanovic B.Financial development，growth，and the distribution of income[J].Journal of Political Economy，1990，98（5，Part 1）：1076-1107.

[79]Aghion P，Bolton P.A theory of trickle-down growth and development[J].The Review of Economic Studies，1997，64（02）：151-172.

[80]Gregorio D J，Kim S J.Credit markets with differences in abilities：education，distribution，

and growth[J].International Economic Review，2000，41（03）：579-607.

[81]Matsuyama K.Endogenous inequality[J].The Review of Economic Studies，2000，67（04）：743-759.

[82]Chakraborty S，Ray T.Bank-based versus market-based financial systems：a growth-theoretic analysis[J].Journal of Monetary Economics，2006，53（02）：329-350.

[83]Jia X，Heidhues F，Zeller M.Credit rationing of rural households in China[J].Agricultural Finance Review，2010，70（01）：37-54.

[84] 彭建刚，李关政 . 我国金融发展与二元经济结构内在关系实证分析 [J]. 金融研究，2006（04）：90-100.

[85] 陈银娥，师文明 . 中国农村金融发展与贫困减少的经验研究 [J]. 中国地质大学学报（社会科学版），2010，10（06）：100-105.

[86] 师荣蓉，徐璋勇，赵彦嘉 . 金融减贫的门槛效应及其实证检验——基于中国西部省际面板数据的研究 [J]. 中国软科学，2013（03）：32-41.

[87] 傅鹏，张鹏 . 农村金融发展减贫的门槛效应与区域差异——来自中国的经验数据 [J]. 当代财经，2016（06）：55-64.

[88] 金浩，李瑞晶 . 金融生态环境与农村金融减贫的非线性效应——基于门限面板模型的实证检验 [J]. 现代财经（天津财经大学学报），2017，37（07）：23-34.

[89] 刘芳，刘明 . 集中连片特困区农村金融发展的动态减贫效应研究——基于 435 个贫困县的经验分析 [J]. 中央民族大学学报（哲学社会科学版），2017，44（04）：71-79.

[90] 金浩，李瑞晶 . 农村金融生态减贫的系统动力学仿真——以河北省为例 [J]. 系统科学学报，2018，26（04）：106-111.

[91] 师荣蓉 . 多维贫困视域下金融减贫的空间效应与门槛特征 [J]. 管理学刊,2020,33（01）：50-59.

[92]Arestis P，Caner A.Financial liberalization and poverty：channels of influence[R].The Levy Economics Institute Working Paper，No.411，2004.

[93]Fowowe B，Abidoye B.A quantitative assessment of the effect of financial development on Poverty in African countries[R].2011.

[94] 许崇正,高希武 . 农村金融对增加农民收入支持状况的实证分析 [J]. 金融研究,2005(09)：173-185.

[95] 杨俊，王燕，张宗益 . 中国金融发展与贫困减少的经验分析 [J]. 世界经济，2008（08）：62-76.

[96] 周一鹿，冉光和，钱太一 . 经济转型期农村金融资源开发对农民收入影响效应研究 [J].

农业技术经济，2010（10）：33-39.

[97] 余新平，熊皛白，熊德平.中国农村金融发展与农民收入增长 [J].中国农村经济，2010（06）：77-86+96.

[98] 张敬石，郭沛.中国农村金融发展对农村内部收入差距的影响——基于 VAR 模型的分析 [J].农业技术经济，2011（01）：34-41.

[99] 伍艳.中国农村金融发展的减贫效应研究——基于全国和分区域的分析 [J].湖北农业科学，2013，52（01）：208-212.

[100] 吕勇斌，赵培培.我国农村金融发展与反贫困绩效：基于 2003-2010 年的经验证据 [J].农业经济问题，2014，35（01）：54-60+111.

[101] 刘芳，刘明，郭锋航.金融发展规模、效率与县区反贫困研究——基于陕西省 50 个国定贫困县的系统广义距估计 [J].统计与信息论坛，2015，30（08）：42-48.

[102] 苏静，胡宗义.农村金融减贫的直接效应与中介效应——基于状态空间模型和中介效应检验的动态分析 [J].财经理论与实践，2015，36（04）：33-38.

[103] 张贺，白钦先.数字普惠金融减小了城乡收入差距吗？——基于中国省级数据的面板门槛回归分析 [J].经济问题探索，2018（10）：122-129.

[104]Ahluwalia M S，Carter N G，Chenery H B，et al.Growth and poverty in developing countries[M].World Bank Press，1979.

[105]Fields G S.Poverty，inequality，and development[M].Cambridge University Press，1980.

[106]Nanda K，Kaur M.Financial inclusion and human development：a cross-country evidence[J].Management and Labour Studies，2016，41（02）：127-153.

[107] 朱一鸣，王伟.普惠金融如何实现精准扶贫？[J].财经研究，2017，43（10）：43-54.

[108] 杜强，潘怡.普惠金融对我国地区经济发展的影响研究——基于省际面板数据的实证分析 [J].经济问题探索，2016（03）：178-184.

[109]Naceur S B，Zhang R X.Financial development，inequality and poverty：some international evidence[J].IMF Working Papers，2016，16（32）：1-16.

[110]Burgess R，Pande R.Do rural banks matter? evidence from the Indian social banking experiment[J].American Economic Review，2005，95（03）：780-795.

[111]Akhter S，Daly K J.Finance and poverty：evidence from fixed effect vector decomposition[J].Emerging Markets Review，2009，10（03）：191-206.

[112]Beck T，Demirgüç-Kunt A，Martinez P.Banking services for everyone? barriers to bank access and use around the world[J].Social Science Electronic Publishing，2006，22（03）：397-430+434.

[113]Sehrawat M，Giri A.The role of financial development in economic growth：empirical

evidence from Indian states[J].International Journal of Emerging Markets，2015，10（04）：765-780.

[114]Turegano D M，Garcia-Herrero A.Financial inclusion，rather than size，is the key to tackling income inequality[R].BBVA Working Papers，2015.

[115]Kovtun D，Cirkel A M，Murgasova Z，et al.Boosting job growth in the Western Balkans[R]. IMF Working Paper，2014，14（16）.

[116] 陈华，孙忠琦 . 金融发展缓解了收入不平等和贫困吗？——基于省区面板数据的实证研究 [J]. 上海金融，2017（11）：3-13.

[117] 闫啸，牛荣 . 农户借贷对收入增长的影响：1771 个农户样本 [J]. 改革，2017（10）：105-113.

[118]Beck T，Demirgüç-Kunt A，Levine R.Finance，inequality and the poor[J].Journal of Economic Growth，2007，12（01）：27-49.

[119] 丁志国，谭伶俐，赵晶 . 农村金融对减少贫困的作用研究 [J]. 农业经济问题,2011（11）:72-77.

[120] 邵汉华，王凯月 . 普惠金融的减贫效应及作用机制——基于跨国面板数据的实证分析 [J]. 金融经济学研究，2017，32（06）：65-74.

[121] 卢盼盼，张长全 . 中国普惠金融的减贫效应 [J]. 宏观经济研究，2017（08）：33-43.

[122] 吴本健，石雪，肖时花 . 数字普惠金融发展能否缓解农村多维相对贫困 [J]. 华南师范大学学报（社会科学版），2022（03）：26-41+205.

[123]Sondra G，Beverly.Institutional determinants of saving：implications for low-income households and public policy[J].The Journal of Socio-Economics，1999，28（04）：457-473.

[124]Robinson M.Why nations fail：the origins of power，prosperity and poverty[J].Development Policy Review，2014，32（01）：154-156.

[125] 唐任伍，孟娜，李楚翘 . 习近平新时代中国特色社会主义思想中的贫困治理观：理论渊源、逻辑意蕴和当代价值 [J]. 经济与管理研究，2020，41（112）：3-10.

[126] 李云才 . 推动脱贫攻坚成果与乡村振兴相融共进 [N]. 人民政协报，2021（003 版）.

[127] 黄征学，高国力，滕飞 . 中国长期减贫，路在何方？——2020 年脱贫攻坚完成后的减贫战略前瞻 [J]. 中国农村经济，2019（09）：2-14.

[128] 卿定文，何爱爱 . 提升农村贫困人口获得感的实现理路——基于共享发展理念视角 [J]. 长沙理工大学学报（社会科学版），2018，33（03）：35-42.

[129] 尹业兴，贾晋 . 脱贫攻坚与乡村振兴有效衔接的总体思路和政策设计 [J]. 农业经济，2021（03）：37-39.

[130] 范应胜 . 我国乡村振兴战略的金融支持路径研究 [J]. 时代金融，2018（26）：308-309.

[131] 张翼. 金融服务乡村振兴战略的路径选择 [J]. 金融纵横，2018（04）：49-54.

[132] 冯兴元，孙同全. 金融支持乡村振兴战略与多层次农村金融体系探讨 [J]. 农村金融研究，2018（12）：19-23.

[133] 蔡兴，蔡海山，赵家章. 金融发展对乡村振兴发展影响的实证研究 [J]. 当代经济管理，2019，41（08）：91-97.

[134] 杜志雄，惠超. 发挥金融对推进乡村振兴战略的支撑作用 [J]. 农村金融研究，2018（02）：26-29.

[135] 韩国强. 金融服务乡村振兴战略的思考 [J]. 当代金融研究，2018（02）：96-104.

[136] 鲁钊阳，杜雨潼. 数字普惠金融发展促进乡村振兴的实证研究 [J]. 金融理论与实践，2023（03）：47-56.

[137] 王中伟，焦方义. 数字乡村建设赋能农民农村共同富裕的实证检验 [J/OL]. 云南民族大学学报（哲学社会科学版）：1-11 [2023-05-06].

[138] 张元. 构建金融服务乡村振兴发展的新模式探索 [J]. 时代经贸，2023，20（01）：77-79.

[139] 肖立新. 扶贫研究概述 [J]. 西昌学院学报（自然科学版），2011，25（01）：51-54.

[140] 童星，林闽钢. 我国农村贫困标准线研究 [J]. 中国社会科学，1994（03）：86-98.

[141] 冯瑛. 贫困定义的演化及对中国贫困问题的思考 [J]. 经济研究导刊，2010（18）：6-8.

[142] 孙宇鑫. "后疫情时代"农村公共卫生体系建设的思考 [J]. 黑龙江粮食，2021（08）：82-83.

[143] 马华，马池春. 乡村振兴战略的逻辑体系及时代意义 [J]. 国家治理，2018（03）：7-12.

[144] 胡卫东. 金融发展与农村反贫困：基于内生视角的分析框架 [J]. 金融与经济，2011，398（09）：60-64.

[145]Hirschman A O.The strategy of economic development[M].Yale University Press，1958.

[146]Leibenstein H.Economic backwardness and economic growth[M].Wiley Press，1957.

[147] 王春生. 加快推进金融生态建设促进社会经济可持续发展——以吉林省为例 [J]. 吉林金融研究，2013（07）：1-5.

[148] 卢悦. 可持续发展背景下的绿色金融研究 [J]. 产权导刊，2019（06）：37-41.

[149]King R G，Levine R.Finance，entrepreneurship and growth[J].Journal of Monetary economics，1993，32（03）：513-542.

[150] 何雄浪，杨盈盈. 金融发展与贫困减缓的非线性关系研究——基于省级面板数据的门限回归分析 [J]. 西南民族大学学报（人文社科版），2017，38（04）：127-133.

[151]Sen A.Elements of a theory of human rights[J].Philosophy & Public Affairs，2010，32（04）：315-356.

[152]Sen A K.Poverty : an ordinary approach to measurement[J].Econometrica, 1976, 44（02）: 219-231.

[153] 岳公正，魏琴 . 中国欠发达地区农村基础设施建设的战略调整与产业化扶贫 [J]. 改革与战略，2013，29（12）：69-72.

[154] 王美艳 . 劳动力迁移对中国农村经济影响的研究综述 [J]. 中国农村观察，2006（03）：70-73.

[155] 曾志红，曾福生 . 我国农村贫困现状及致贫因素分析 [J]. 安徽农业科学，2013，41（13）：12-14.

[156]Adam S.The wealth of nations[M].Bantam Classics Press, 1976.

[157]Schumpeter J A.The theory of economic development[M].Harvard University Press, 1911.

[158]Levine R, Zervos S.Stock markets, banks, and economic growth[J].American Economic Review, 1998, 1 : 537-558.

[159] 谈儒勇 . 金融发展理论与中国金融发展 [M]. 北京：中国经济出版社，2000.

[160] 姚耀军 . 非正规金融发展的区域差异及其经济增长效应 [J]. 财经研究，2009，35（12）：129-139.

[161] 陆静 . 金融发展与经济增长关系的理论与实证研究——基于中国省际面板数据的协整分析 [J]. 中国管理科学，2012，20（01）：177-184.

[162] 苏静 . 中国农村金融发展的减贫效应研究 [M]. 北京：经济科学出版社，2017.

[163] 颜鹏飞，顾海良 . 新编经济思想史（第九卷）：20 世纪末 21 世纪初西方经济思想的发展 [M]. 北京：经济科学出版社，2016.

[164]Tsuru K.Finance and growth : some theoretical considerations and a review of the empirical literature[R] OECD Economics Department Working Papers No.228, 2000.

[165]Patrick H T.Financial development and economic growth in underdeveloped countries[J]. Economic Development and Cultural Change, 1966, 14（02）: 174-189.

[166]Jung W S.Financial development and economic growth : international evidence[J].Economic Development and Cultural Change, 1986, 34（02）: 333-346.

[167] 史永东，武志，甄红线 . 我国金融发展与经济增长关系的实证分析 [J]. 预测，2003(04):1-6.

[168]Ravallion M, Chen S.What can new survey data tell us about recent changes in distribution and poverty?[J].The World Bank Economic Review, 1997, 11（02）: 357-382.

[169]Dollar D, Kraay A.Trade, growth, and poverty[J].The Economic Journal, 2004, 114（493）: 22-49.

[170] 杜凤莲，孙婧芳 . 经济增长、收入分配与减贫效应——基于 1991-2004 年面板数据的

分析 [J]. 经济科学，2009（03）：15-26.

[171] 周扬，童春阳. 中国经济增长与公共投资的减贫效应测度研究 [J]. 经济经纬，2019，36（06）：32-39.

[172]Todaro M P.Urbanization, unemployment, and migration in Africa : theory and policy[R]. Working Paper No.104，1997.

[173] 崔艳娟. 制度质量、包容性金融与减贫的关系研究 [M]. 北京：中国财政经济出版社，2018.

[174]Dreze J，Sen A.Hunger and public action[M].Oxford : Clarendon Press，1990.

[175]Fields G S.Distribution and development : a new look at the developing world[M].MIT Press，2002.

[176]Kakwani N，Pernia E M.What is pro-poor growth?[J].Asian Development Review，2000，18（01）：1-16.

[177]Son H H.A note on pro-poor growth[J].Economics Letters，2004，82（03）：307-314.

[178]Kraay A.When is growth pro-poor? evidence from a panel of countries[J].Journal of Development Economics，2006，80（01）：198-227.

[179] 孙咏梅，秦蒙. 高速经济增长会自动消减贫困吗？——新中国成立 70 年取得的减贫效果评价 [J]. 教学与研究，2019（05）：14-25.

[180] 李树生. 我国合作金融改革与农村社会保障问题探索 [J]. 学习与探索，2005（03）：166-170.

[181] 宋焱. 以金融市场发展促社会保障制度完善 [N]. 金融时报，2006（002 版）.

[182] 苏静，胡宗义，肖攀. 中国农村金融发展的多维减贫效应非线性研究——基于面板平滑转换模型的分析 [J]. 金融经济学研究，2014，29（04）：86-96.

[183] 陆岷峰，高攀. 以金融创新推动社会保障体系完善的研究——基于金融与社会保障互动发展的视角 [J]. 桂海论丛，2013，29（03）：55-60.

[184] 马鹏飞，吕喜臣. 金融推动社会保障体系完善的对策 [N]. 金融时报，2015（011 版）.

[185] 张梦缘，宋坤，谌希，等. 农村非正规金融发展的多维减贫效应研究——基于门槛面板数据的实证分析 [J]. 金融发展研究，2017（04）：80-85.

[186] 罗振军，于丽红. 数字普惠金融、多维贫困与金融减贫效应 [J]. 统计与决策，2022，38（11）：11-15.

[187] 孙国峰. 推动金融发展与社会进步的良性互动 [J]. 清华金融评论，2018（07）：55-58.

[188] 黄建欢，吕海龙，王良健. 金融发展影响区域绿色发展的机理——基于生态效率和空间计量的研究 [J]. 地理研究，2014，33（03）：532-545.

[189] 刘靖宇，夏炎，林师模，等. 基于金融 CGE 模型的中国绿色信贷政策短中长期影响

分析 [J]. 中国管理科学，2015，23（04）：46-52.

[190] 李虹，袁颖超，王娜 . 区域绿色金融与生态环境耦合协调发展评价 [J]. 统计与决策，2019，35（09）：161-164.

[191] 杨熠，李余晓璐，沈洪涛 . 绿色金融政策，公司治理与企业环境信息披露——以 502 家重污染行业上市公司为例 [J]. 财贸研究，2011，22（05）：131-139.

[192] 修静，刘海英，臧晓强 . 绿色信贷、节能减排下的工业增长及预测研究 [J]. 当代经济科学，2015，37（03）：55-62+126.

[193] 裴辉儒，张颖 . 基于收益率与改善生态环境效率视角的碳金融风险研究 [J]. 统计与信息论坛，2015，30（09）：48-54.

[194] 刘莎，刘明 . 绿色金融、经济增长与环境变化——西北地区环境指数实现"巴黎承诺"有无可能 ?[J]. 当代经济科学，2020，42（01）：71-84.

[195] 方建国，林凡力 . 绿色金融与经济可持续发展的关系研究——基于中国 30 个省际面板数据的实证分析 [J]. 中国石油大学学报（社会科学版），2019，35（01）：14-20.

[196] 雷汉云，王旭霞 . 环境污染、绿色金融与经济高质量发展 [J]. 统计与决策，2020，36（15）：18-22.

[197] 戴相龙 . 商业银行经营管理 [M]. 北京：中国金融出版社，1998.

[198] 张兵，朱建华，贾红刚 . 我国农村金融深化的实证检验与比较研究 [J]. 南京农业大学学报，2002（02）：105-109.

[199] 龚刚，林毅夫 . 过度反应：中国经济"缩长"之解释 [J]. 经济研究，2007（04）：53-66.

[200] 王长松 . 金融支持青海藏区精准扶贫实践与路径 [J]. 西部金融，2016（09）：54-57.

[201] 钟力 . "十二五"我国电网规模跃居世界首位 [J]. 广西电业，2015（01）：78-81.

[202] 曹均伟，李凌 . 经济学的定性分析与定量分析：争论与融合 [J]. 上海立信会计学院学报，2007（03）：57-64.

[203] 赵志君，罗红云，王文豪 . 相对贫困测度与民族地区贫困发生率研究 [J]. 民族研究，2020（03）：15-27+139.

[204] 潘海燕，柳志，程振源，等 . 中国居民贫困指数的分解与比较 [J]. 统计与决策，2020，36（12）：5-8.

[205] 李金叶，冯振华，贾士杰，等 . 我国农村贫困程度的测算与分析：基于基尼思想的一种新贫困强度率指数（Gp）的构建 [J]. 经济经纬，2013（06）：30-35.

[206] 李芳华，张阳阳，郑新业 . 精准扶贫政策效果评估——基于贫困人口微观追踪数据 [J]. 经济研究，2020，55（08）：171-187.

[207] 庄毓敏，储青青，马勇 . 金融发展、企业创新与经济增长 [J]. 金融研究，2020（04）：

11-30.

[208] 章红，党海丽，梁艳彬. 金融支持区域经济高质量发展研究——基于四市金融规模、效率、结构与经济增长比较 [J]. 西部金融，2020（12）：27-37.

[209] 白晓燕，李锋. 我国农业政策性金融对农业经济增长贡献的实证研究 [J]. 农业经济问题，2005（07）：21-24.

[210] 温忠麟，叶宝娟. 有调节的中介模型检验方法：竞争还是替补 ?[J]. 心理学报，2014，46（05）：714-726.

[211] 江艇. 因果推断经验研究中的中介效应与调节效应 [J]. 中国工业经济，2022（05）：120-140.

[212] 谢贤君. 金融发展影响减贫效应的路径研究 [J]. 石河子大学学报（哲学社会科学版），2019，33（03）：41-47.

[213] Hansen B E.Threshold effects in non-dynamic panels：estimation，testing，and inference[J]. Journal of Econometrics，1999，93（02）：345-368.

[214] 张学斌，石培基，罗君. 基于生态系统服务价值变化的生态经济协调发展研究——以石羊河流域为例 [J]. 中国沙漠，2014，34（01）：268-274.

[215] 任志远，徐茜，杨忍. 基于耦合模型的陕西省农业生态环境与经济协调发展研究 [J]. 干旱区资源与环境，2011，25（12）：14-19.

[216] 白洁，王学恭，赵成章. 河西走廊绿洲生态经济系统协调发展能力评价 [J]. 干旱区地理，2010，33（01）：130-134.

[217] 李苒，曹明明，胡胜，等. 基于耦合模型的生态环境与经济协调发展研究——以榆林市为例 [J]. 西北大学学报（自然科学版），2014，44（02）：285-291.

[218] 樊娜，付滨，王致萍. 精准扶贫视角下甘肃省经济—社会—生态耦合协调发展关系研究 [J]. 农业科学研究，2018，39（01）：17-21+66.

[219] 游新彩，田晋. 民族地区综合扶贫绩效评价方法及实证研究 [J]. 科学·经济·社会，2009，27（03）：7-13.

[220] 王碧玉，庞柏林. 中国农村反贫困指标评价新体系的构造 [J]. 商业研究，2005（24）：183-185.

[221] 孔令强. 易地开发性移民扶贫及其效益评价指标体系 [J]. 学术交流，2006（07）：75-77.

[222] 王荣党. 论农村贫困测量指标体系的构建 [J]. 经济问题探索，2006（03）：82-86.

[223] 张伟. 青海转变经济发展方式的基本思路 [J]. 青海社会科学，2009（02）：38-43.

[224] 温忠麟，张雷，侯杰泰，等. 中介效应检验程序及其应用 [J]. 心理学报，2004（05）：614-620.

附　录

为方便与门槛效应模型回归结果进行对此，参考温忠麟等（2004）[224] 的做法，不考虑调节变量构建中介效应分析模型如下，回归结果如表 1-3 所示。

$$Pov_{it}=C_1+\alpha_1\{scale_{it}\,|\,effi\}+\alpha_2\ln road_{it}+\alpha_3 indu_{it}+\alpha_4 open_{it}+\alpha_5 fina_{it}$$
$$+\alpha_6 towns_{it}+\delta_{it} \tag{1}$$

$$\{econ_{it}\,|\,soci_{it}\,|\,ecol_{it}\}=C_2+\beta_1\{scale_{it}\,|\,dffi_{it}\}+\beta_2\ln road_{it}+\beta_3 indu_{it}+\beta_4 open_{it}$$
$$+\beta_5 fina_{it}+\beta_6 towns_{it}+\delta_{it} \tag{2}$$

$$Pov_{it}=C_3+\theta_1\{scale_{it}\,|\,effi_{it}\}+\theta_2\{\ln econ_{it}\,|\,soci_{it}\,|\,\ln ecol_{it}\}+\theta_3\ln road_{it}+\theta_4 indu_{it}$$
$$+\theta_5 open_{it}+\theta_6 fina_{it}+\theta_7 towns_{it}+\delta_{it} \tag{3}$$

表1　金融减贫效应中的经济增长中介效应检验

变量	（1）pov	（2）econ	（3）pov	（4）pov	（5）econ	（6）pov
scale	−9.027 （7.005）	0.205 （0.238）	−0.556* （0.334）			
effi				−5.211 （4.566）	0.286* （0.154）	−5.120 （4.651）
road	−17.674*** （2.515）	0.574*** （0.086）	−17.353*** （2.962）	−19.914*** （1.574）	0.615*** （0.053）	−19.719*** （2.306）
indu	0.076* （0.045）	0.004** （0.002）	0.078* （0.047）	0.074 （0.046）	0.004** （0.002）	0.075 （0.047）
open	−3.131*** （0.558）	0.019 （0.019）	−3.141*** （0.562）	−3.051*** （0.601）	−0.032 （0.020）	−3.061*** （0.610）
fina	−5.356*** （0.548）	0.113*** （0.019）	−5.294*** （0.628）	−5.675*** （0.521）	0.122*** （0.018）	−5.636*** （0.621）
towns	−0.244** （0.125）	0.035*** （0.004）	−0.225 （0.158）	−0.247* （0.126）	0.035*** （0.004）	−0.236 （0.159）
econ			−0.556** （0.269）			−0.317 （2.732）
_cons	220.763*** （13.182）	2.256*** （0.450）	222.018*** （14.566）	234.913*** （7.111）	1.940*** （0.240）	235.528*** （8.894）
个体效应	控制	控制	控制	控制	控制	控制
时间效应	控制	控制	控制	控制	控制	控制
N	126	126	126	126	126	126
r²	0.948	0.938	0.948	0.9392	0.937	0.948
F	360.930	299.242	306.891	359.801	306.510	305.851

注：*、**、***分别表示在10%、5%、1%的水平上显著；括号内为标准误。

表2　金融减贫效应中的社会发展中介效应检验

变量	（1）	（2）	（3）	（4）	（5）	（6）
	pov	soci	pov	pov	soci	pov
scale	−9.027 （7.006）	0.932 （1.732）	−11.982*** （4.377）			
effi				−5.211 （4.566）	2.600** （1.101）	−3.089* （1.808）
road	−17.673*** （2.516）	1.402** （0.621）	−13.228*** （1.603）	−19.914*** （1.574）	0.981** （0.380）	−16.783*** （1.035）
indu	0.076* （0.045）	−0.033*** （0.011）	−0.031 （0.029）	0.074 （0.046）	−0.032*** （0.011）	−0.029 （0.030）
open	−3.131*** （0.557）	0.805*** （0.138）	−0.576 （0.395）	−3.050*** （0.601）	0.604*** （0.145）	−1.123*** （0.412）
fina	−5.356*** （0.548）	0.783*** （0.135）	−2.873*** （0.387）	−5.675*** （0.520）	0.798*** （0.127）	−3.127*** （0.386）
towns	−0.244* （0.126）	0.086*** （0.031）	0.027 （0.081）	−0.247** （0.126）	0.086*** （0.030）	0.027 （0.083）
soci			3.171*** （0.232）			−3.192*** （0.243）
_cons	220.763*** （13.183）	−15.697*** （3.258）	170.994*** （8.994）	234.913*** （7.112）	−14.138*** （1.717）	189.779*** （5.700）
个体效应	控制	控制	控制	控制	控制	控制
时间效应	控制	控制	控制	控制	控制	控制
N	126	126	126	126	126	126
r^2	0.948	0.862	0.980	0.948	0.867	0.979
F	360.930	123.411	821.100	359.800	129.741	778.200

注：*、**、***分别表示在10%、5%、1%的水平上显著；括号内为标准误。

表3 金融减贫效应中的生态建设中介效应检验

变量	（1）	（2）	（3）	（4）	（5）	（6）
	pov	ecol	pov	pov	ecol	pov
scale	−9.027 （7.006）	0.085 （0.154）	−12.300*** （3.781）			
effi				−5.211 （4.566）	0.185* （0.099）	−1.842 （2.597）
road	−17.674*** （2.516）	0.268*** （0.055）	−7.403*** （1.484）	−19.914*** （1.574）	0.233*** （0.034）	−11.018*** （1.041）
indu	0.076* （0.045）	−0.007*** （0.001）	−0.194*** （0.029）	0.074 （0.046）	−0.007*** （0.001）	−0.193*** （0.030）
open	−3.131*** （0.558）	0.068*** （0.012）	−0.511 （0.338）	−3.050*** （0.601）	0.054*** （0.013）	−1.006*** （0.360）
fina	−5.356*** （0.548）	0.036*** （0.012）	−3.987*** （0.306）	−5.675*** （0.521）	0.036*** （0.011）	−4.287*** （0.305）
towns	−0.244* （0.126）	0.003 （0.003）	−0.115* （0.068）	−0.247* （0.126）	0.003 （0.003）	−0.118* （0.071）
ecol			−38.280*** （2.242）			−38.193*** （2.366）
_cons	220.763*** （13.183）	3.107*** （0.291）	339.716*** （9.952）	234.913*** （7.112）	3.249*** （0.154）	358.993*** （8.660）
个体效应	控制	控制	控制	控制	控制	控制
时间效应	控制	控制	控制	控制	控制	控制
N	126	126	126	126	126	126
r^2	0.948	0.880	0.985	0.948	0.883	0.984
F	360.930	145.070	1106.290	359.801	149.440	1018.261

注：*、**、***分别表示在10%、5%、1%的水平上显著；括号内为标准误。